# A reflexão e a prática no ensino

## 4

# Matemática

**Blucher**

## A reflexão e a prática no ensino

## 4

# Matemática

Márcio Rogério de Oliveira Cano
coordenador

*CELINA APARECIDA ALMEIDA PEREIRA ABAR
SONIA BARBOSA CAMARGO IGLIORI*
*autoras*

Coleção A reflexão e a prática no ensino - Volume 4 - Matemática
MÁRCIO ROGÉRIO DE OLIVEIRA CANO (coordenador)
©2012 CELINA APARECIDA ALMEIDA PEREIRA ABAR, SONIA BARBOSA CAMARGO IGLIORI
Editora Edgard Blücher Ltda.

## Blucher

Rua Pedroso Alvarenga, 1245, 4º andar
04531-012 – São Paulo – SP – Brasil
Tel.: 55 11 3078-5366
editora@blucher.com.br
www.blucher.com.br

Segundo o Novo Acordo Ortográfico, conforme 5. ed. do *Vocabulário Ortográfico da Língua Portuguesa*, Academia Brasileira de Letras, março de 2009

É proibida a reprodução total ou parcial por quaisquer meios, sem autorização escrita da Editora.

Todos os direitos reservados pela Editora Edgard Blücher Ltda.

Ficha catalográfica

Abar, Celina Aparecida Almeida Pereira
Matemática / Celina Aparecida Almeida Pereira Abar, Sonia Barbosa Camargo Igliori. -- São Paulo: Blucher, 2012. -- (Série a reflexão e a prática no ensino; v. 4 / coordenador Márcio Rogério de Oliveira Cano)

Bibliografia
ISBN 978-85-212-0670-5

1. Matemática 2. Matemática - Estudo e ensino 3. Prática de ensino I. Igliori, Sonia Barbosa Camargo. II. Cano, Márcio Rogério de Oliveira. III. Título. IV. Série.

12-02786            CDD-510.7

Índices para catálogo sistemático:
1. Matemática: Estudo e ensino 510.7

# Sobre os autores

### MÁRCIO ROGÉRIO DE OLIVEIRA CANO (COORD.)

Mestre e doutor pelo Programa de Estudos Pós-Graduados em Língua Portuguesa da Pontifícia Universidade Católica de São Paulo. Desenvolve pesquisas na área de Ensino de Língua Portuguesa e Análise do Discurso. Possui várias publicações e trabalhos apresentados na área, além de vasta experiência nos mais variados níveis de ensino. Também atua na formação de professores de Língua Portuguesa e de Leitura e produção de textos nas diversas áreas do conhecimento nas redes pública e particular.

### CELINA APARECIDA ALMEIDA PEREIRA ABAR

Licenciada, bacharel, mestre e doutora em Matemática. Professora titular da Pontifícia Universidade Católica de São Paulo, atuando na graduação, no Programa de Estudos Pós-Graduados em Educação Matemática e em Curso de Extensão na Cogeae da Pontifícia Universidade Católica de São Paulo, PUC/SP. Professora de Matemática do Fundamental II por alguns anos e no ensino superior desde a conclusão da graduação. Especialista em Tecnologias Interativas Aplicadas à Educação (PUC/SP-2000); em Design Instrucional para Educação On-Line (UFJF-2007) e em Entornos Virtuales de Aprendizaje (OEI-2010). Coordena o Instituto GeoGebra de São Paulo com sede na mesma Faculdade.

### SONIA BARBOSA CAMARGO IGLIORI

Licenciada, bacharel, mestre e doutora em Matemática. Foi professora efetiva da rede estadual de ensino durante 10 anos. Desde 1990 atua na pós-graduação, inicialmente na área da Matemática, e, após 1994, na área da Educação Matemática. Durante um ano (1995 a 1996) desenvolveu estudos de pós-doutoramento, em Educação Matemática, na França. É professora titular do Departamento de Matemática da PUC/SP e professora do Programa de Estudos Pós-Graduados em Educação Matemática da mesma Universidade.

# Apresentação

*A experiência é o que nos passa, o que nos acontece, o que nos toca. Não o que se passa, não o que acontece, ou o que toca. A cada dia se passam muitas coisas, porém, ao mesmo tempo, quase nada nos acontece. Dir-se-ia que tudo o que se passa está organizado para que nada nos aconteça. Walter Benjamin, em um texto célebre, já observava a pobreza de experiências que caracteriza o nosso mundo. Nunca se passaram tantas coisas, mas a experiência é cada vez mais rara.*
Jorge Larrosa Bondía, 2001,
I Seminário Internacional de Educação de Campinas.

Esse trecho de uma conferência de Larrosa é emblemático dos nossos dias, da nossa sociedade do conhecimento ou da informação. Duas terminologias que se confundem muitas vezes, mas que também podem circular com conceitos bem diferentes. Vimos, muitas vezes, a sociedade do conhecimento representada como simples sociedade da informação. E não é isso que nos interessa. Em uma sociedade do conhecimento, podemos, por um lado, crer que todos vivam o conhecimento ou, por outro, que as pessoas saibam dele por meio de e como informação. Nunca tivemos tanto conhecimento e nunca tivemos tantas pessoas informadas e informando. Mas a experiência está sendo deixada de lado.

O grande arsenal tecnológico de memorização e registro em vez de tornar as experiências do indivíduo mais plenas, tem esvaziado a experiência, já que todos vivem a experiência do outro, que vive a experiência do outro, que vive a experiência do outro... Quando não tínhamos muito acesso aos registros da história, era como se vivêssemos o acontecimento sempre pela primeira vez. Hoje, parece que tudo foi vivido e está registrado em algum lugar para que possamos seguir um roteiro. Isso é paradoxal.

No entanto, não compactuamos com uma visão pessimista de que tudo está perdido ou de que haja uma previsão extremamente desanimadora para o futuro, mas que, de posse do registro e do conhecimento, podemos formar pessoas em situações de experiências cada vez mais plenas e indivíduos cada vez mais completos. E parece-nos que a escola pode ser um lugar privilegiado para isso. Uma escola dentro de uma sociedade do conhecimento não deve passar informações, isso os alunos já adquirem em vários lugares, mas sim viver a informação, o conhecimento como experiência única, individual e coletiva.

Tendo a experiência como um dos pilares é que essa coleção foi pensada. Como conversar com o professor fazendo-o não ter acesso apenas às informações, mas às formas de experienciar essas informações juntamente com seus alunos? A proposta deste livro é partir de uma reflexão teórica sobre temas atuais nas diversas áreas do ensino, mostrando exemplos, relatos e propondo formas de tornar isso possível em sala de aula. É nesse sentido que vai nossa contribuição. Não mais um livro teórico, não mais um livro didático, mas um livro que fique no espaço intermediário dessas experiências.

Pensando nisso como base e ponto de partida, acreditamos que tal proposta só possa acontecer no espaço do pensamento interdisciplinar e transdisciplinar. Tal exercício é muito difícil, em virtude das condições históricas em que o ensino se enraizou: um modelo racionalista disciplinar em um tempo tido como produtivo. Por isso, nas páginas desta coleção, o professor encontrará uma postura interdisciplinar, em que o tema será tratado pela perspectiva de uma área do conhecimento, mas trazendo para o seu interior pressupostos, conceitos e metodologias de outras áreas. E também encontrará perspectivas transdisciplinares, em que o tema será tratado na sua essência, o que exige ir entre, por meio e além do que a disciplina permite, entendendo a complexidade inerente aos fenômenos da vida e do pensamento.

Sabemos, antes, que um trabalho inter e transdisciplinar não é um roteiro ou um treinamento possível, mas uma postura de indivíduo. Não teremos um trabalho nessa perspectiva, se não tivermos um sujeito inter ou transdisciplinar. Por isso, acima de tudo, isso é uma experiência a ser vivida.

Nossa coleção tem como foco os professores do Ensino Fundamental do Ciclo II. São nove livros das diversas áreas que normalmente concorrem no interior do espaço escolar. Os temas tratados são aqueles chave para o ensino, orientados pelos documentos oficiais dos parâmetros de educação e que estão presentes nas pesquisas de ponta feitas nas grandes universidades. Para compor o grupo de trabalho, convidamos professoras e professores de cursos de pós-graduação, juntamente com seus orientandos e orientandas de doutorado e de mestrado e com larga experiência no ensino regular. Dessa forma, acreditamos ter finalizado um trabalho que pode ser usado como um parâmetro para que o professor leia, possa se orientar, podendo retomá-lo sempre que necessário, juntamente com outros recursos utilizados no seu dia a dia.

*Márcio Rogério de Oliveira Cano*
*Coordenador da coleção*

# Prefácio

O desafio de escrever um livro que trate do processo de ensino e aprendizagem da Matemática, e que acrescente algo aos professores nos dias atuais, não é pequeno. Por que e como enfrentá-lo? Essa é uma questão difícil de ser respondida e que permeia toda a elaboração deste trabalho.

As contribuições apresentadas neste livro norteiam-se não só pelos Parâmetros Curriculares Nacionais do Ensino Fundamental (PCN 1998), como também pelo respeito ao trabalho dos professores e dos saberes que eles trazem em sua prática; elas levam em consideração que uma classe de aula tem tantas peculiaridades que só o docente que se ocupa dela e ninguém mais tem condições de equacionar as dificuldades dos alunos e propor enfrentamento para elas.

Nosso propósito é trazer alguns elementos advindos das pesquisas em Educação Matemática para reflexão, os quais devem sempre ser filtrados pelo docente em sua prática. Sabemos que é ele que, no dia a dia, carrega a importante e árdua tarefa de ensinar algo que, a princípio está muito distante do interesse dos estudantes, especialmente dos estudantes dos dias atuais em que a ebulição tecnológica ocupa seus hábitos e modo de pensamento.

Mesmo assim, tendo aceitado o desafio, apresentamos algo que consideramos interessante e motivador ao docente e que possibilite a interlocução para outros trabalhos.

Importantes teóricos da Matemática e da Educação Matemática fundamentam os textos apresentados e as propostas de atividades que se inspiram em recursos da História da Matemática, nas possibilidades das Tecnologias e nas oferecidas pelos Jogos.

A parceria entre as autoras é enriquecedora, pois procura aproximar, de acordo com suas respectivas especialidades, as pesquisas teóricas que realizaram com os trabalhos desenvolvidos por seus orientandos em sua prática e as pesquisas defendidas pelos Mestrandos e Doutorandos do Programa de Estudos Pós-Graduados em Educação Matemática da PUC/SP, fechando um círculo necessário, oportuno e desejado de duas modalidades de ação frente ao ensino e aprendizagem da Matemática.

Os dez capítulos apresentados norteiam-se pelas indicações dos Parâmetros Curriculares Nacionais — PCN para o Ensino Fundamental II e presentes nos quatro blocos Espaço e Forma; Grandezas e Medidas; Números e Operações; Tratamento da Informação. Nessa ordem de apresentação, trazem propostas que podem ser articuladas ao projeto educacional de cada escola e que valorizam a compreensão das ideias matemáticas e o modo como podem ser desenvolvidas e trabalhadas.

*As autoras*

# Conteúdo

**1.** UM MERGULHO NA GEOMETRIA ESPACIAL ........................................................ 19
1.1 Introdução ........................................................................................................ 19
1.2 O que dizem os PCN e as pesquisas? ................................................................ 20
1.3 Um panorama da Geometria Espacial .............................................................. 23
1.4 Da teoria à prática: propostas de atividades .................................................... 24
1.5 Para finalizar .................................................................................................... 33
1.6 Referências bibliográficas ................................................................................ 33

**2.** UM MERGULHO NA GEOMETRIA PLANA ........................................................... 37
2.1 Introdução ........................................................................................................ 38
2.2 O que dizem os PCN e as pesquisas? ................................................................ 36
2.3 Um panorama da Geometria Plana .................................................................. 40
2.4 Da teoria à prática: propostas de atividades ................................................... 41
2.5 Para finalizar .................................................................................................... 57
2.6 Referências bibliográficas ................................................................................ 57

**3.** A MATEMÁTICA QUE INSPIRA A ARTE: AS TRANSFORMAÇÕES GEOMÉTRICAS . 59
3.1 Introdução ........................................................................................................ 59
3.2 O que dizem os PCN e as pesquisas? ................................................................ 60
3.3 Um panorama das transformações geométricas ............................................. 61
3.4 Da teoria à prática: proposta de construção de um mosaico .......................... 63
3.5 Para finalizar .................................................................................................... 68
3.6 Referências bibliográficas ................................................................................ 68

**4. EXPLORANDO GRANDEZAS E MEDIDAS** ............................................................................................. 71
4.1 Introdução ......................................................................................................................................... 71
4.2 O que dizem os PCN e as pesquisas? .................................................................................................. 72
4.3 Um entendimento sobre grandezas e medidas .................................................................................. 73
4.4 Da teoria à prática: propostas de atividades ...................................................................................... 74
4.5 Para finalizar ...................................................................................................................................... 82
4.6 Referências bibliográficas .................................................................................................................. 82

**5. EXPLORANDO GRANDEZAS E MEDIDAS TRIDIMENSIONAIS** ....................................................... 85
5.1 Introdução ......................................................................................................................................... 85
5.2 O que dizem os PCN e as pesquisas? .................................................................................................. 85
5.3 Um entendimento sobre grandezas e medidas tridimensionais ........................................................ 87
5.4 Da teoria à prática: propostas de atividades ...................................................................................... 87
5.5 Para finalizar ...................................................................................................................................... 92
5.6 Referências bibiliográficas ................................................................................................................. 92

**6. JOGANDO COM OS NÚMEROS** ............................................................................................................ 93
6.1 Introdução ......................................................................................................................................... 93
6.2 O Jogo de Conway .............................................................................................................................. 95
6.3 O jogo Hackenbush ............................................................................................................................ 95
6.4 Propostas de Atividades ..................................................................................................................... 96
6.5 Números irracionais — discussão dos exemplos ............................................................................... 99
6.6 Para finalizar .................................................................................................................................... 100
6.7 Referências bibliográficas ................................................................................................................ 101

**7. NÚMEROS E REPRESENTAÇÕES** ...................................................................................................... 103
7.1 Introdução ....................................................................................................................................... 103
7.2 Da teoria à prática: propostas de atividades .................................................................................... 105
7.3 O uso da reta graduada como um registro de representação dos números racionais .................... 107
7.4 Propostas de atividades ................................................................................................................... 110
7.5 Comensurabilidade e incomensurabilidade de grandezas .............................................................. 112
7.6 Para finalizar .................................................................................................................................... 117
7.7 Referências bibliográficas ................................................................................................................ 117

**8.** EQUAÇÕES E INEQUAÇÕES ................................................................................................. 119

8.1 Introdução ........................................................................................................................ 119

8.2 Escrevendo equações para resolver problemas .................................................................. 120

8.3 Os problemas da *Encyclopédie*: (BONNEFOND, 1994, p. 28) ............................................ 124

8.4 Exercícios ......................................................................................................................... 130

8.5 Para finalizar .................................................................................................................... 132

8.6 Referências bibliográficas ................................................................................................. 132

**9.** O TRATAMENTO DE DADOS: SEU SIGNIFICADO E SUA ORGANIZAÇÃO ............................ 135

9.1 Introdução ........................................................................................................................ 135

9.2 Um panorama sobre o estudo da Estatística ...................................................................... 136

9.3 O que dizem os PCN e as pesquisas? ................................................................................ 137

9.4 O entendimento de dados de uma informação .................................................................. 137

9.5 A exploração de gráficos. Explorando o gráfico "Box Plot" no GeoGebra ......................... 145

9.6 Transformando os dados em informação e conhecimento ................................................ 148

9.7 Para finalizar .................................................................................................................... 149

9.8 Referências bibliográficas ................................................................................................. 149

**10.** O TRATAMENTO DA INFORMAÇÃO: SEU SIGNIFICADO E SUA IMPORTÂNCIA ............... 153

10.1 Introdução ...................................................................................................................... 153

10.2 A exploração de gráficos ................................................................................................ 155

10.3 O que dizem as pesquisas ............................................................................................... 156

10.4 Níveis de compreensão gráfica ....................................................................................... 157

10.5 Explorando representações gráficas ................................................................................ 159

10.6 Construindo representações gráficas .............................................................................. 162

10.7 Histograma e gráfico de barras no GeoGebra ................................................................. 162

10.8 Gráfico de pizza ............................................................................................................. 164

10.9 Explorando a Probabilidade ........................................................................................... 165

10.10 Para finalizar ................................................................................................................ 167

10.11 Referências bibliográficas ............................................................................................. 168

# 1

# Um mergulho na Geometria Espacial

*Ramot Polin - Jerusalem, Israel. Arquiteto: Zvi Hecker
Fonte: AEWORLDMAP. Disponível em:
<http://aedesign.wordpress.com/category/built>.*

## 1.1 INTRODUÇÃO

Neste capítulo serão apresentadas, inicialmente, algumas indicações dos Parâmetros Curriculares Nacionais (PCN) sobre o bloco Espaço e Forma e um breve panorama de algumas pesquisas sobre a Geometria Espacial e o ensino desse objeto matemático. Estas considerações iniciais e suas relações estarão presentes nas atividades propostas e poderão ser utilizadas e adaptadas pelos professores na sua prática docente

## 1.2 O QUE DIZEM OS PCN E AS PESQUISAS?

Segundo os PCN (1998, p. 51):

*Os conceitos geométricos constituem parte importante do currículo de Matemática no ensino fundamental, porque, por meio deles, o aluno desenvolve um tipo especial de pensamento que lhe permite compreender, descrever e representar, de forma organizada, o mundo em que vive. O estudo da Geometria é um campo fértil para trabalhar com situações-problema e é um tema pelo qual os alunos costumam se interessar naturalmente.*

Em consonância com os PCNs e como proposta para reflexão do professor, a Proposta Curricular de São Paulo (SÃO PAULO, 2008, p. 45-46) prevê que:

*Em Geometria, o ensino fundamental deve ocupar-se inicialmente com o reconhecimento e com a representação e classificação de formas planas e espaciais. É importante que se atente para a necessidade de incorporar o trabalho com a geometria em todos os anos da grade escolar, cabendo ao professor a escolha da distribuição mais conveniente dos conteúdos nos bimestres, assim como o viés que será dado ao tratamento dos temas da geometria.*

Quanto ao bloco Espaço e Forma, Ribeiro e Brandalise (2010, p.334) observam que:

*(...) é fundamental que os estudos deste bloco sejam explorados a partir de objetos do mundo físico, de modo a permitir ao aluno estabelecer conexões entre a Matemática e outras áreas do conhecimento.*

Desse modo as orientações aqui apresentadas se referem à importância de trabalhar tais conceitos para introduzir os alunos num mundo tridimensional, relacionado diretamente com o cotidiano e problemas práticos do dia a dia.

No caso da Geometria Espacial, o foco de algumas pesquisas direciona para a visualização das figuras geométricas espaciais. Nesse aspecto, há dificuldades em transmitir tais conteúdos e em abstrair algumas propriedades dos sólidos quando apresentados em ambientes de duas dimensões (lousa, livro, apostila etc.) e há perda de informações das propriedades dos objetos (SILVA,

2006, p.61). Entre as pesquisas que apontam essas dificuldades por parte dos alunos e professores podemos citar Medalha (1997) e Possani (2002).

Alguns teóricos salientam os processos que podem estar presentes no desenvolvimento intelectual do aluno e apontam caminhos para o ensino e aprendizagem da Geometria Espacial.

Para Duval (1988), no ensino-aprendizagem da Geometria Espacial, estão envolvidos três tipos de processo que preenchem funções epistemológicas específicas, sendo os processos de visualização, de construção e de raciocínio. Esses tipos de processos cognitivos, para Duval (1988), podem ser desenvolvidos separadamente. Sendo assim, a visualização independe da construção, ou seja, o aluno consegue acessar as figuras, qualquer que seja a forma utilizada para sua construção.

Duval (1988) afirma que mesmo que a construção leve à visualização, o processo de construção depende somente da conexão entre as propriedades **matemáticas e a limitação técnica dos instrumentos utilizados.**

**Raymond Duval:** pesquisador francês.

Por meio de suas pesquisas, Van Hiele(1986) observou que os alunos pareciam progredir no raciocínio geométrico por meio de uma sequência, disposta em cinco níveis: visualização, análise, dedução informal, dedução formal e rigor e que o desenvolvimento intelectual do aluno se dá de forma sequencial sem a omissão de nenhuma etapa, pois a quebra na sequência do raciocínio acarretaria uma estagnação no caminhar. Em estudos mais modernos, os três últimos níveis (dedução informal, dedução formal e rigor) foram condensados em apenas um nível, a síntese.

**Pierre Van Hiele:** pesquisador holandês.

Van Hiele(1986) considera que a visualização é de grande importância no processo de construção do conhecimento geométrico, sendo que a representação mental dos objetos geométricos, a análise e a organização formal (síntese) das propriedades geométricas são passos necessários para o entendimento da formalização de um conceito.

Considerando que os níveis de compreensão de Van Hiele (1986) foram desenvolvidos para o ensino da Geometria em geral e que, em Geometria Espacial, o aprendizado sobre um conceito está aliado principalmente à visualização e à percepção das figuras, Medalha (1997) apresenta em seu trabalho uma adaptação desses níveis para o ensino da Geometria Espacial, como podemos observar no quadro a seguir:

**Quadro 1.1** – *Classificação dos níveis para Geometria Espacial*

| | |
|---|---|
| Visualização | Manuseio de sólidos geométricos; percepção dos sólidos geométricos por meio de sua aparência física; reconhecimento das figuras pela sua forma, como um todo, e não pelas propriedades. |
| Análise | Descrição das propriedades dos sólidos; análise das propriedades das figuras. |
| Síntese | Estabelecimento de relações entre as propriedades e de uma ordem lógica entre figuras e relações, fazendo com que acompanhem uma dedução simples. Não há a compreensão de uma prova completa. |
| Dedução | Dedução de propriedades e realização de demonstrações; compreensão do significado da dedução e o papel dos diferentes elementos na estrutura dedutiva. |
| Rigor | Desenvolvimento do trabalho em diferentes sistemas axiomáticos; capacidade de deduções abstratas; possibilidade de compreensão da Geometria não-Euclidiana. |

*Fonte: Medalha, 1997, p. 26.*

> Marie-Paule Louche-Rommevaux: pesquisadora francesa.

Rommevaux (1997), em suas pesquisas, aponta a importância da construção e manipulação de modelos concretos de sólidos geométricos, partindo da ideia de que na resolução de problemas de Geometria Espacial, são necessárias duas etapas que ocorrem de forma simultânea: "ver e raciocinar" (ROMMEVAUX, 1997, p.38).

Esta autora refere-se à construção de maquetes, objeto físico manipulável e que o "tocar" pode representar um papel fundamental na construção do objeto matemático, não sendo suficiente somente a visão, como acontece no estudo das formas geométricas planas de objetos espaciais.

As considerações feitas sobre os trabalhos de pesquisas apresentados aqui sugerem que propostas de atividades para o ensino e aprendizagem de conteúdos da Geometria Espacial podem ser na direção da construção de produtos que representem de forma concreta o objeto matemático foco da aprendizagem, possibilitando a esses produtos a construção do conhecimento geométrico trabalhado.

Desse modo, uma trajetória possível para se trabalhar a Geometria Espacial é por meio dos conceitos de sólidos platônicos cujos sólidos regulares são, em sua totalidade, facilmente encontrados no cotidiano dos alunos. Além disso, o fato de os sólidos platônicos terem sido desenvolvidos dentro de um contexto histórico, e de terem sido utilizados em vários momentos, dentro da história da ciência, possibilitará ao aluno estabelecer relações entre a Geometria Espacial e outras disciplinas, como a Física, Química e Biologia.

## 1.3 UM PANORAMA DA GEOMETRIA ESPACIAL

A palavra Geometria caracterizou-se com as antigas civilizações egípcias, sendo seu emprego originário da necessidade de medição das terras que margeavam o Rio Nilo, nos períodos intercalados de inundações e secas, objetivando a sua demarcação para a atividade agrícola.

**Geometria:** "geo" significa terra e "metria", medir.

Essa Geometria desenvolveu-se com notável componente experimental e prático, não só nas civilizações egípcias, como também nas regiões mesopotâmicas, às margens dos rios Tigre e Eufrates, junto aos rios Indo e Ganges no centro-sul da Ásia. O fato de os egípcios registrarem seus trabalhos em papiros e pedras, aliado ao clima seco de sua região e dos babilônicos utilizarem tábulas de argila cozida, extremamente resistente ao tempo, contribuiu para que um maior número de dados relativos às suas representações escritas fosse preservado, se comparados às culturas da Índia e da China, que produziram as suas representações em materiais perecíveis, como fibra de entrecasca de árvores e bambu (EVES, 1992).

**Howard Whitley Eves:** pesquisador americano.

Por volta de 300 a.C., Euclides escreveu o livro *Os Elementos* baseando-se em todo conhecimento adquirido pela escola grega da época. Uma maneira simplificada para descrever a geometria de Euclides e que permite conhecer algumas figuras geométricas é dizer que ela as trata como possíveis de serem construídas com régua e compasso.

**Euclides de Alexandria:** em grego antigo, Εὐκλείδης Eukleidēs; viveu de 360 a.C. a 295 a.C.

O ápice de *Os Elementos* é a teoria dos poliedros regulares presente no Livro XIII. Somente cinco poliedros regulares existem, como veremos mais adiante, neste capítulo. Muitos acreditam que o conteúdo de *Os Elementos* foi escolhido com a teoria dos poliedros regulares em mente. Por exemplo, Euclides necessita construir o triângulo equilátero, o quadrado e o pentágono para construir os poliedros regulares.

**Poliedros regulares:** o termo "poliedro" deriva de "poli", que significa "muitos", e "edro", que significa "face". Os "poliedros regulares" têm todas as faces iguais e são polígonos regulares.

Para sorte de Euclides, ele não precisou de polígonos regulares com mais lados e nenhum outro polígono regular foi construído até os tempos modernos. Em 1796 Gauss, então com 19 anos,

**Polígonos regulares:** o termo "polígono" deriva de "poli", que significa "muitos", e "gono", que significa "lado". Os "polígonos regulares" têm todos os lados iguais.

> Carl Friedrich Gauss: (1777-1855) um dos mais famosos matemáticos de todos os tempos.
>
> *Conhecido como "Número de Fermat". Pierre de Fermat viveu de 1601 a 1675.

descobriu que a chave da questão vinha da construção de triângulos equiláteros: para qual valor de $n$ um $n$-ágono regular pode ser construído? Gauss mostrou que um polígono regular com um número primo $p$ de lados pode ser construído apenas nos casos em que este número primo $p$ pode ser escrito na forma $2^{2^m} + 1$* o que resulta, por exemplo, que o polígono de 17 lados pode ser construído, pois $2^4 + 1 = 17$.

Estes e outros resultados mostram que *Os Elementos* não englobam toda a Geometria ainda que seja a sua obra fundamental e que a Matemática é uma ciência sempre em desenvolvimento.

Este capítulo é desenvolvido para o estudo de uma geometria tridimensional, ou seja, dos sólidos geométricos. Muitos sólidos geométricos do mundo real, como as rochas, são irregulares, mas muitos outros são regulares e muitos deles construídos pelo próprio homem como os edifícios, livros, bolas de boliche etc.

Em outro capítulo serão apresentadas as grandezas e medidas que fazem parte desses elementos geométricos.

### 1.4 DA TEORIA À PRÁTICA: PROPOSTAS DE ATIVIDADES

Nesta seção pretendemos orientar os docentes sobre as justificativas do ensino da Geometria, em qual concepção ela deve ser trabalhada, seus objetivos e que habilidades podem ser desenvolvidas com o seu estudo.

Observadas algumas concepções teóricas sobre os níveis de compreensão dos alunos sobre a Geometria Espacial é importante que o professor, na sua prática, reflita sobre os procedimentos, o contexto e os recursos que poderão ser utilizados em cada aula e em cada atividade.

ATIVIDADE 1: DESCOBRINDO SEUS ALUNOS

Nas atividades desenvolvidas na Geometria Espacial são introduzidas algumas palavras pouco familiares ao aluno e, assim, a primeira proposta de atividade, adaptada de Pohl (1994, p. 178), pode ser um jogo de significados.

a) Escreva em pedaços de papel expressões como: Aresta, Pirâmide, Cubo, Tetraedro, Poliedro, Hexaedro, Octaedro, Face de um poliedro, Arestas paralelas, Arestas reversas, Faces adjacentes, Planos paralelos etc.; dobre os pedaços de papel e os acondicione em um recipiente. Separe os alunos em dois grupos, de modo que cada aluno retire um dos pedaços de papel. Acertando o significado da expressão escrita no papel com uma explicação ou exemplo geométrico de modo que todos entendam e com a concordância do professor, o respectivo grupo faz um ponto. Ganha o grupo com maior número de pontos.

b) Adaptações desta atividade podem ser apresentadas como, por exemplo, o professor pode colocar sobre sua mesa vários objetos tridimensionais e cada aluno exibe a expressão sorteada em algum objeto, sem dizer palavra alguma.

c) Em outra adaptação o professor pode solicitar, aos alunos, que eles próprios apresentem sugestões de expressões para dificultar o jogo.

O objetivo dessa atividade é oferecer aos alunos oportunidade para aprender algum vocabulário da Geometria Espacial e algumas relações matemáticas.

### Atividade 2: Representando figuras tridimensionais no plano

Os resultados obtidos nas pesquisas de Parzysz (1989) salientam a necessidade de se propor, no ensino da Geometria Espacial, diferentes representações planas dos objetos espaciais. A representação de um objeto espacial por meio de figuras em folha de papel (bidimensional) se faz por uma ou mais representações, existindo, no caso de única representação, uma grande perda das informações sobre as características do sólido geométrico.

M. Bernard Parzysz: pesquisador francês.

Para representar uma figura tridimensional num ambiente plano, segundo Parzysz (1989, p. 54-55), é necessário utilizar os devidos códigos de leitura e descrição dessas representações, tais como, linhas pontilhadas para indicar a profundidade e facilitar a visualização de arestas ocultas, a utilização de cores para identificar faces não visíveis etc., o que minimiza a perda das informações sobre o objeto.

Como sugestão, apresente aos alunos os passos necessários para representar um paralelepípedo em um papel quadriculado, como na figura a seguir, e os desafie a representar outros objetos tridimensionais.

Representação: a representação de um objeto por uma figura plana poderá ter fins bem distintos: colocar em evidência as dimensões, cujo conhecimento é necessário para a construção desse objeto ou, então, reproduzir o aspecto que tem o objeto na realidade. O desenho que satisfaz o primeiro intuito denomina-se projetivo e o segundo perspectivo. Fonte: Rodrigues (1948, p. 3).

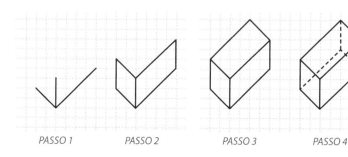

PASSO 1    PASSO 2    PASSO 3    PASSO 4

**Face:** cada superfície plana que forma um poliedro.
**Aresta:** encontros entre duas faces do poliedro.
**Vértice:** encontro de duas arestas.
**Poliedro:** todo sólido fechado formado somente por superfícies planas.

ATIVIDADE 3: DESCOBRINDO OS SÓLIDOS POR SUAS PLANIFICAÇÕES

O objetivo da atividade apresentada a seguir pode ser descrito como identificar propriedades comuns e diferenças entre figuras bidimensionais e tridimensionais, relacionando-as com suas planificações.

Essa descrição permite verificar as habilidades do aluno em quantificar as faces, as arestas e os vértices dos poliedros e em reconhecer planificações dos sólidos geométricos.

Essas habilidades podem ser avaliadas em situações-problema contextualizadas, que envolvam a composição e decomposição de figuras espaciais identificando suas semelhanças e diferenças.

a) Uma sugestão de atividade consiste em apresentar aos alunos diferentes sólidos e planificações de cada um deles. Depois, solicitar que decidam qual planificação se relaciona ao sólido escolhido. Eles têm ainda de elaborar critérios de escolha, listando o que consideraram e descartaram na escolha da alternativa. A atividade pretende evidenciar que um mesmo sólido pode apresentar diferentes planificações e que o número de faces e seu posicionamento no plano estão relacionados.

b) (Prova Brasil, Tema I) Quais dos esquemas a seguir podem representar planificações de um tetraedro.

**Tetraedro:** o termo "tetra" significa "quatro" e "edro" significa "face". Assim, um tetraedro tem quatro faces.

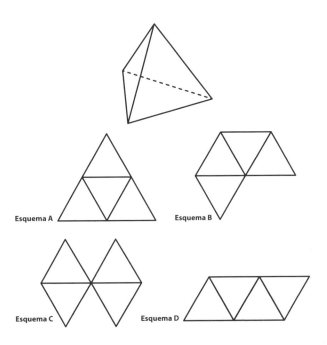

c) (Prova Brasil, Tema I) É comum encontrar em acampamentos barracas com fundo e que têm a forma apresentada na figura a seguir.

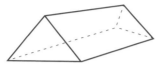

Qual dos desenhos a seguir representa a planificação dessa barraca?

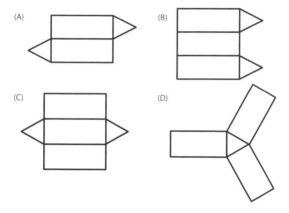

d) O professor pode propor a construção de alguns sólidos, principalmente prismas e pirâmides, utilizando linha ou barbante, passando por dentro de canudos, os mesmos que usamos para tomar sucos ou refrigerantes. Cada canudo representará uma aresta e os alunos, na escolha do sólido geométrico que construirão, devem informar sobre o número de canudos necessários. Esta atividade pode ser explorada com outras possibilidades para que o aluno possa verificar* a validade do Teorema de Euler.

e) Solicitar que os alunos investiguem qual o número mínimo de canudos necessários para se obter um poliedro.

f) A construção de uma tabela com estas informações: número de faces, arestas e vértices, serão úteis para a próxima atividade.

g) Solicitar aos alunos que identifiquem as arestas paralelas ou reversas de cada sólido construído.

*A verificação é um importante passo para a demonstração formal de um teorema ou propriedade.

Leonhard Euler: importante matemático que viveu de 1707 a 1783.

Teorema de Euler: em todo poliedro convexo, o número de faces somado ao número de vértices é igual ao número de arestas, acrescido de duas unidades.

Arestas paralelas: assim chamadas quando há um plano comum que as contém.

Arestas reversas: assim chamadas quando não há um plano comum que as contém.

*Platão:* seu verdadeiro nome era Plato. Ele nasceu e morreu em Atenas (427aC.-347 aC). O nome Platão derivou do seu vigor físico e da largura dos seus ombros (platos significa largueza).

*Cinco poliedros regulares:* Platão designou cada poliedro regular a um dos cinco elementos da natureza: tetraedro ao fogo, hexaedro à terra, octaedro ao ar, dodecaedro ao universo e o icosaedro à água.

ATIVIDADE 4: DESCOBRINDO OS SÓLIDOS PLATÔNICOS COM O USO DO COMPUTADOR

Um poliedro que tenha como faces apenas polígonos regulares congruentes e que também apresente todos os ângulos poliédricos congruentes recebe o nome de poliedro regular.

Platão estudou certa classe de poliedros, por volta do século VI a.C., que vieram a ser conhecidos como Poliedros ou Sólidos de Platão, entre os quais, incluem-se os poliedros regulares.

De um poliedro de Platão exige-se que:

- Todas as faces sejam polígonos, regulares ou não, mas com o mesmo número de lados;
- Todos os ângulos poliédricos sejam formados com o mesmo número de arestas.

Para esta atividade serão utilizados somente os Poliedros de Platão que apresentam todas as faces formadas por polígonos regulares. Somente cinco poliedros regulares* existem, chamados de Sólidos Platônicos e são os mostrados na figura a seguir.

Tetraedro    Hexaedro    Octaedro    Dodecaedro    Icosaedro

Figuras extraídas do site: <http://avrinc05.no.sapo.pt/> Acesso em: 11 fev. 2011.

A atividade pode ser proposta, inicialmente, como uma Exposição na Escola e que envolve uma tarefa com várias etapas para grupos de dois alunos:

a) Expor um sólido platônico montado em cartolina.

b) Elaborar um cartaz com as informações sobre o respectivo sólido.

c) Apresentar um objeto com o formato do respectivo sólido.

d) Preparar um material como desafio aos visitantes da exposição.

O sólido deverá ser montado a partir de sua planificação e pintado, em cada face, com uma cor diferente. Uma planificação do mesmo sólido, sem que esteja pintada, também deve ser obtida para desafiar os visitantes da exposição. O desafio está em colocar quadrados coloridos (no caso do cubo) em cima da planificação em branco, para tentar acertar as cores de cada face do sólido montado.

Nesta atividade, adaptada de Silva (2006), utiliza-se de um software POLY, que não é gratuito, mas há versão disponível na Internet em <http://www.peda.com/poly>. O professor ou os próprios alunos podem baixar e instalar o software, sem dificuldades, para os computadores que são utilizados pelos alunos. A tecnologia não será o foco da aprendizagem, mas o recurso que tornará a atividade possível de ser realizada.

A tela do computador, apesar de bidimensional, possibilita a visualização da animação dos sólidos geométricos e o software POLY possibilita certo dinamismo das figuras, e o aluno pode, num clicar de botão, visualizar qualquer sólido geométrico e sua planificação.

Os alunos podem verificar que algumas planificações obtidas são diferentes das planificações presentes em algumas referências, como as apresentadas a seguir, o que não impede a realização da tarefa.

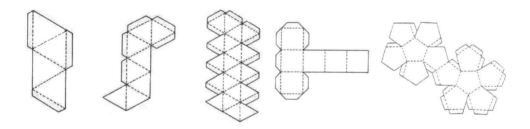

Para orientar no uso do software POLY é importante permitir que os alunos o explorem livremente por um tempo e o professor pode colocar algumas orientações e questões preliminares como solicitar que os alunos cliquem no botão que permite visualizar o sólido montado com as arestas realçadas e em sólidos platônicos para determinar o número de faces, arestas e vértices. A relação de Euler, já apresentada neste texto, pode então ser verificada.

Para orientar na visualização das planificações de cada sólido no software POLY, apresentamos a seguir três momentos das planificações de cada um.

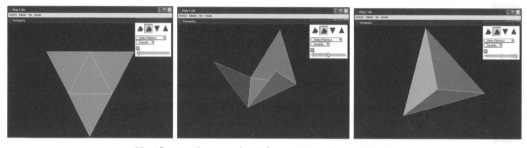

*Planificação do tetraedro (4 faces: triângulo equilátero).*

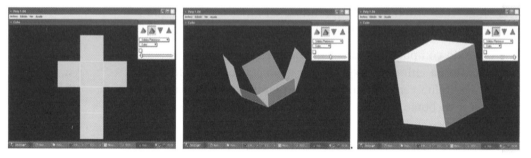

*Planificação do hexaedro (6 faces: quadrados).*

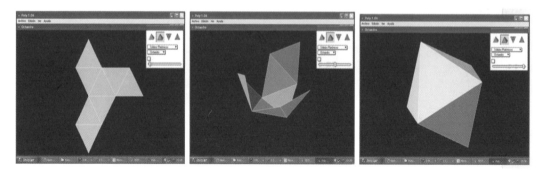

*Planificação do octaedro (8 faces: triângulo equilátero).*

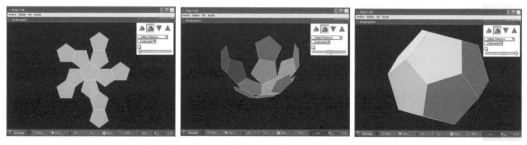

*Planificação do dodecaedro (12 faces: pentágono).*

*Planificação do icosaedro (20 faces: triângulo equilátero).*

Em Silva (2006), com a proposta desta tarefa, foram obtidas as produções a seguir:

Sólidos platônicos construídos.

Cartazes com as informações dos sólidos platônicos.

ATIVIDADE 5: DESCOBRINDO OUTROS PONTOS DE VISTA DAS FIGURAS TRIDIMENSIONAIS

Esta atividade, adaptada da revista da Associação de Professores de Matemática de Portugal, *Educação e Matemática* (n. 110, 2010) tem como proposta a exploração de outros pontos de vista dos sólidos geométricos.

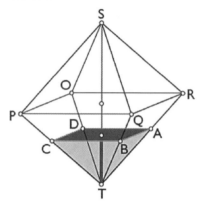

a) Qual o polígono formado pelos vértices do octaedro O, P, Q e R? Indique outros polígonos definidos pelos vértices deste octaedro.

b) Que tipo de polígono se forma na superfície do líquido à medida que se vai enchendo o octaedro?

c) Uma atividade interessante é apresentar a afirmação: "O poliedro dual de um sólido platônico é outro sólido platônico" e pedir aos alunos que pesquisem na internet para encontrar uma explicação para esta afirmação e façam as respectivas correspondências do sólido platônico e seu dual. As figuras a seguir poderão ser encontradas com facilidade. Onde está o tetraedro?

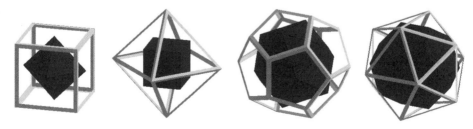

*Fonte: Wikipedia. Disponível em:<http://pt.wikipedia.org/wiki/S%C3%B3lido_plat%C3%B3nico>.*

d) Voltando ao software POLY solicitar que os alunos cliquem em Sólidos de Arquimedes, que permitem visualizar o sólido montado com as arestas realçadas, para determinar o número de faces, arestas e vértices. A relação de Euler, já apresentada nesse texto, é válida para esses sólidos?

## 1.5 PARA FINALIZAR

Neste capítulo foram apresentadas as considerações dos PCN sobre o bloco Espaço e Forma e algumas pesquisas que permitem um percurso na exploração deste tema. Foram recuperadas algumas características dos sólidos tridimensionais e estão disponíveis propostas de atividades para serem aplicadas ou adaptadas pelo professor, de acordo com seus alunos e respectivas séries.

Em outro capítulo, as grandezas e medidas destes objetos geométricos serão exploradas.

## 1. 6 REFERÊNCIAS BIBLIOGRÁFICAS

BRASIL, Ministério da Educação, Secretaria de Educação Média e Tecnológica. *Parâmetros curriculares nacionais* (PCN). Brasília: Ministério da Educação, 1998. Disponível em: <http://portal.mec.gov.br/seb/arquivos/pdf/matematica.pdf>. Acessado em 13/08/2011

DUVAL, Raymond. Pour une approche cognitive des problèmes de géométrie en termes de congruence. *Annales de didactique et de sciences cognitives*. v. 1, Strasbourg: IREM, 1988. p 57-74.

EVES, Howard Whitley. *História da geometria*. São Paulo: Atual, 1992.

VAN HIELE, Pierre. *Structure and Insight*: a Theory of Mathematics Education, Academic Press. 1986.

MEDALHA, Vera Lúcia Lopes. *A Visualização no estudo da geometria espacial*. Dissertação (Mestrado) – Universidade Santa Úrsula, Rio de Janeiro, 1997.

PARZYSZ, Bernard. *Représentations planes et enseignement de la géométrie de l'espace au lycée*. Contribution à l'étude de la relation voir/savoir. 1989. Tese (Terceiro ciclo), Université Paris 7, Paris, 1989.

POHL, V. Visualizando o espaço tridimensional pela construção de poliedros. In: *Aprendendo e ensinando geometria*, tradução de Hygino H. Domingues. São Paulo: Ed. Atual, 1994.

POSSANI Rosemary Aparecida Romagnoli. *Apreensões de representações planas de objetos espaciais em um ambiente de geometria dinâmica*. Dissertação (Mestrado) – Pontifícia Universidade Católica de São Paulo, São Paulo, 2002.

RIBEIRO, Isabel Cristina; BRANDALISE, Mary Ângela Teixeira. *Prova Brasil*: Descritores de Avaliação Matemática In: XVI ENCONTRO REGIONAL DOS ESTUDANTES DE MATEMÁTICA DA REGIÃO SUL, Pontifícia Universidade Católica do Rio Grande do Sul. 2010.

RODRIGUES, A. J. *Perspectiva paralela*: classificação das projeções e projeções axonométricas. Rio de Janeiro: Imprensa Nacional, 1948.

ROMMEVAUX Marie-Paule Louche. Le discernement des plans: um seuil décisif dans l'apprentissage de la géométrie tridimensionnelle. Strausbourg, France: Université de Soutenance,1997.

SILVA, Maurício Barbosa da. *A geometria espacial no ensino médio a partir da atividade webquest*: análise de experiência. Dissertação (Mestrado), São Paulo: Pontifícia Universidade Católica de São Paulo, São Paulo, 2006.

VAN HIELE, Pierre. *Structure and Insight*: a Theory of Mathematics Education, Academic Press. 1986.

**NOTA DAS AUTORAS PARA O PROFESSOR:**

Neste capítulo procuramos abarcar os seguintes tópicos do bloco Espaço e Forma segundo os PCN (BRASIL, 1998):

- figuras bidimensionais e tridimensionais, análise e reconhecimento;
- composição e decomposição de figuras planas;
- planificações de alguns poliedros.
- figuras bidimensionais e tridimensionais, análise e reconhecimento;
- relações entre o número de vértices, faces e arestas de prismas e de pirâmides;
- análise em poliedros da posição relativa de duas arestas (paralelas, perpendiculares, reversas) e de duas faces (paralelas, perpendiculares);

- secções de figuras tridimensionais por um plano e análise das figuras obtidas;
- representação de diferentes vistas (lateral, frontal e superior) de figuras tridimensionais.

# 2

# Um mergulho na Geometria Plana

*Vitral da Igreja do Santo Condestável situada no bairro de Campo de Ourique, em Lisboa, Portugal.\**
Fonte: Rua dos Dias Que Voam. Disponível em:<http://diasquevoam.blogspot.com/2009/02/onde-estao.html>.

## 2.1 INTRODUÇÃO

Como no Capítulo 1, sobre Espaço e Forma, apresentar, inicialmente, algumas indicações dos Parâmetros Curriculares Nacionais (PCN) permite um amplo olhar sobre as habilidades que podem ser desenvolvidas pelos alunos na exploração dos conteúdos propostos. Também a importância de se reportar a algumas pesquisas sobre o processo de ensino-aprendizagem do objeto matemático deve ser considerada, pois essas pesquisas podem indicar caminhos para que o "saber científico" chegue até o "saber a ser ensinado" (CHEVALLARD, 1991). Estas considerações iniciais e suas relações estarão presentes nas atividades propostas e poderão ser utilizadas e adaptadas pelos professores na sua prática docente.

\*Na antiguidade, os romanos inventaram a nanotecnologia sem saber, pois misturaram cloreto de ouro com vidro derretido para fazer vitrais vermelhos e o resultado formou partículas de ouro nanométricas, refletindo a luz de um modo peculiar.

Yves Chevallard: pesquisador francês.

## 2.2 O QUE DIZEM OS PCN E AS PESQUISAS?

Neste capítulo está presente a Geometria Plana como os quadriláteros e triângulos e suas propriedades, explorados, em algumas atividades, com o auxílio do software GeoGebra.

> **GeoGebra:** software que foi criado em 2001, como tese de Markus Hohenwarter, e sua popularidade tem crescido desde então. Atualmente, o GeoGebra é usado em 190 países, traduzido para 52 idiomas. São feitos 300.000 downloads mensais, e há 40 Institutos GeoGebra em 30 países para dar suporte ao seu uso. Além disso, o GeoGebra recebeu diversos prêmios de software educacional na Europa e nos Estados Unidos, e foi instalado em milhões de laptops, em vários países ao redor do mundo. Site de referência http://www.geogebra.org

Segundo os PCN (1998, p. 46):

*Os computadores podem ser usados nas aulas de matemática com diversas finalidades, dentre elas destacamos:*
- *como auxiliar no processo de construção de conhecimento;*
- *como meio para desenvolver autonomia pelo uso de softwares que possibilitem pensar, refletir e criar soluções.*

A escolha do software em função dos objetivos que se quer atingir é que vai determinar o uso adequado do computador na sala de aula.

No capítulo anterior foram exploradas as figuras tridimensionais, as quais, em algumas atividades propostas, foram representadas em um plano. Por meio de tais representações pode-se concluir a forma precisa da figura tridimensional, como a distribuição e as dimensões de seus elementos, como também estudar as figuras obtidas ao seccionar ou projetar os objetos tridimensionais.

> **M. Bernard Parzysz:** pesquisador francês.

No entanto, segundo Parzysz (1989), é necessário abandonar uma parte das propriedades geométricas na representação gráfica de objetos espaciais como, por exemplo, no desenho de um bloco retangular, pois se sabe que as arestas são paralelas e perpendiculares entre si e, na representação plana, não é possível transferir essas propriedades para todas as arestas.

De todo modo, vale realçar a importância do estudo desses tipos de geometria, como pode ser observado na pesquisa de Cozzolino (2008), em razão do avanço das tecnologias visuais.

Como considera os PCN (1998, p 51), o bloco Espaço e Forma contempla não apenas o estudo das formas, mas também as noções relativas à posição, à localização de figuras e aos deslocamentos no plano e sistemas de coordenadas.

Além disso, também considera que:

*O trabalho com espaço e forma pressupõe que o professor de Matemática explore situações em que sejam necessárias algumas construções geométricas com régua e compasso, como visualização e aplicação de propriedades das figuras, além da construção de outras relações (PNC, 1998, p.51).*

Os níveis de compreensão apresentados na teoria de van Hiele e desenvolvidos para o ensino da Geometria sugerem uma ordenação do conteúdo de Geometria e atividades de aprendizagem propostas segundo os cinco diferentes níveis de pensamentos com relação ao desenvolvimento da compreensão dos alunos: visualização, análise, dedução informal, dedução formal e rigor.

> **Teoria de Dina e Peter van Hiele:** teoria desenvolvida nos anos 50 pelos pesquisadores holandeses. Refere-se ao processo de ensino-aprendizagem da Geometria.

Este capítulo sobre Geometria Plana se concentra nos dois primeiros níveis sugeridos pela teoria de Van Hiele *já que eles são os mais relevantes para o ensino da geometria no ensino fundamental. As características gerais de cada nível podem ser descritas da seguinte maneira* (VILLIERS, 2010, p.401):

> **Michael de Villiers:** pesquisador sul-africano.

### Nível 1: reconhecimento

*Os alunos reconhecem as figuras visualmente por sua aparência global. Reconhecem triângulos, quadrados, paralelogramos, entre outros, por sua forma, mas não identificam as propriedades de tais figuras explicitamente.*

### Nível 2: análise

*Os alunos começam a analisar as propriedades das figuras e aprendem a terminologia técnica adequada para descrevê-las, mas não correlacionam figuras ou suas propriedades.*

### Nível 3: ordenação

*Os alunos realizam a ordenação lógica das propriedades de figuras por meio de curtas sequências de dedução e compreendem as correlações entre as figuras (por exemplo, inclusões de classe).*

### Nível 4: dedução

*Os alunos começam a desenvolver sequências mais longas de enunciados e a entender a significância da dedução, o papel dos axiomas, teoremas e provas.*

A transição do Nível 1 para o Nível 2 envolve, sob um determinado aspecto, a transição da visualização de uma figura estática e manipulação de conceitos, para o reconhecimento de algumas novas relações entre conceitos. Para que um aluno progrida do Nível 1 para o Nível 2 em um tópico específico (por exemplo, os quadriláteros), é necessário que ocorra uma reorganização significativa de relações e um refinamento de conceitos.

> **Geometria Dinâmica (GD):** Expressão que foi inicialmente usada por Nick Jakiw e Steve Rasmussen da Key Curriculum Press, Inc, criadores do Geometer´s Sketchpad, para designar softwares interativos que permitem a criação e manipulação de figuras geométricas a partir de suas propriedades.
>
> **Dinâmico:** termo que se refere aos movimentos que podem ser realizados com o mouse nas construções realizadas. A visualização das mudanças facilita a compreensão do comportamento geométrico dos elementos envolvidos.
>
> *Definiremos figura robusta como aquela que, ao ser movimentada, não perde suas características e propriedades geométricas.

Nesse aspecto, fazer uso de figuras dinâmicas disponíveis na internet ou mesmo construí-las utilizando algum *software* de Geometria Dinâmica irá permitir que os alunos não só reconheçam e explorem algumas figuras, como também, já no Nível 2 de Van Hiele, identifiquem suas propriedades na ação dos movimentos de alguns de seus elementos.

Como ressaltou Zullato (2002) em seu trabalho, os softwares de Geometria Dinâmica permitem ao aluno simular e investigar a partir das construções, formular conjecturas e estimular o desenvolvimento de ideias. Esse é um dos motivos que o professor deve levar em consideração na escolha do software. Cabe ao professor ter atenção e cuidado ao trabalhar com softwares de geometria dinâmica, pois compete a ele apresentar as possibilidades do software aos seus alunos e possibilitar aos estudantes investigar, segundo Costa (2008), a diferença entre desenhar e construir um objeto matemático. A partir de um objeto construído é possível explorar outras situações propostas pelo professor, sem que esse objeto sofra deformações, ou seja, sem que perca suas propriedades*.

Um aspecto a ser considerado é que a ausência da exploração do Desenho Geométrico pode comprometer o desenvolvimento do processo do que foi pedido aos alunos principalmente a partir do Nível 2 de Van Hiele.

## 2.3 UM PANORAMA DA GEOMETRIA PLANA

As primeiras tentativas de sistematização da Geometria vieram dos gregos com Thales de Mileto ao provar que algumas propriedades das figuras geométricas podiam ser deduzidas de outras; Pitágoras com as relações lógicas entre as proposições matemáticas; Hipócrates, Platão, Aristóteles e outros sucessores de Pitágoras, contribuíram de maneira significativa para o desenvolvimento da Geometria, como também, para sua organização como ciência. Por quase dois mil anos, a Geometria Euclidiana ocupou uma posição absoluta na ciência Matemática, colocando-se como modelo de abordagem Matemática.

A obra *Os Elementos*, de Euclides – matemático grego que viveu em Alexandria por volta de 300 a.C. (Século de Ouro) – pode ser considerada a mais influente de todos os tempos. Sua primeira impressão data de 1482 e, desde então, foram mais de mil edições impressas em todo mundo. A obra "Os Elementos" é dividida em treze livros e contém 465 proposições, sendo 93 problemas e 372 teoremas.

No século XIX a Geometria passa pela sua maior reestruturação desde os seus estudos iniciados na Grécia Antiga com o surgimento das Geometrias não Euclidianas. Todos os raciocínios estabelecidos até então tinham como base os postulados de Euclides por meio de sua obra *Os Elementos*, conhecida como Geometria Euclidiana.

> Geometrias não euclidianas: Geometria Elíptica, Geometria Hiperbólica e Geometria sobre a Esfera.

Marqueze (2006) apresenta em seu trabalho sobre Geometria Esférica sugestões de atividades que podem ser trabalhadas sobre a superfície de uma esfera.

## 2.4 DA TEORIA À PRÁTICA: PROPOSTAS DE ATIVIDADES

As atividades a seguir procuram apresentar estratégias de exploração da Geometria Plana. Observadas algumas concepções teóricas sobre os níveis de compreensão dos alunos sobre a Geometria Plana segundo a Teoria de Van Hiele (1986), é importante que o professor, na sua prática, reflita sobre os procedimentos, contexto e recursos que poderão ser utilizados em cada aula e em cada atividade.

### Atividade 1: Descobrindo seus alunos

Semelhante à Atividade 1 do Capítulo 1, sobre Geometria Espacial, também nas atividades desenvolvidas na Geometria Plana são introduzidas algumas palavras ao aluno, talvez já conhecidas neste caso e, assim, a primeira proposta de atividade, adaptada de Pohl (1994, p. 178), pode ser um jogo de significados.

a) Escreva em pedaços de papel expressões* como: lado, retângulo, quadrado, triângulo, trapézio, losango, pipa, vértice, diagonais, retas paralelas, retas perpendiculares, lados adjacentes etc. dobre os pedaços de papel e os acondicione em um recipiente. Separe os alunos em dois grupos, de modo que cada aluno retire um dos pedaços de papel. O aluno deve acertar o significado da expressão escrita no papel com uma explicação ou indicação de uma figura geométrica, de modo que todos entendam. Com a concordância do professor, o respectivo grupo faz um ponto. Ganha o grupo com maior número de pontos.

> *O professor pode escolher as expressões de acordo com a sua classe.

b) Adaptações desta atividade podem ser apresentadas como, por exemplo, o professor pode colocar sobre sua mesa vários objetos tridimensionais e figuras planas e cada aluno exibe a expressão sorteada junto a alguma face do objeto ou a figura plana sem dizer palavra alguma.

c) Em outra adaptação o professor pode solicitar aos alunos que eles próprios apresentem sugestões de expressões para dificultar o jogo.

O objetivo dessa atividade é oferecer oportunidade aos alunos para aprender algum vocabulário da Geometria Plana e algumas relações matemáticas.

Atividade 2: A exploração das propriedades dos Quadriláteros

Esta atividade tem como objetivo capacitar o aluno a classificar e construir diferentes quadriláteros com base nas propriedades que os definem.

O trabalho com quadriláteros permite explorar diversas propriedades geométricas, tais como: retas paralelas, congruência e semelhança de triângulos, além de situações que envolvem construções com régua e compasso, permitindo propor conjecturas, enunciar e demonstrar teoremas. A Figura 2.1 traz uma classificação dos quadriláteros.

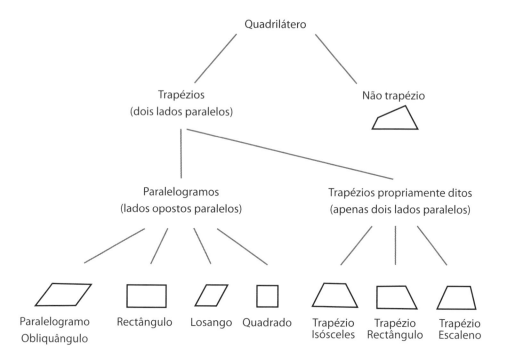

**Figura 2.1** – *Classificação dos quadriláteros.*

a) Com base na classificação dada identificar e nomear cada figura a seguir.

**Figura 2.2** – *Tipos de quadriláteros.*

b) Como já foi observado, os quadriláteros são polígonos com quatro lados. A seguir listamos as definições dos quadriláteros. Associar cada uma das definições a seguir aos quadriláteros da Figura 2.2. Observar que a associação não é única.

1. Trapézio – é um quadrilátero que tem dois lados paralelos.

2. Trapézio isósceles – é um quadrilátero que tem dois lados paralelos e os outros dois lados com a mesma medida.

3. Paralelogramo – é um quadrilátero que tem dois pares de lados paralelos.

4. Retângulo – é um quadrilátero que tem os quatro ângulos retos.

5. Quadrado – é um quadrilátero que tem os quatro lados iguais e os quatro ângulos retos.

6. Losango – é um quadrilátero que tem os quatro lados com a mesma medida.

7. Pipa – é um quadrilátero que tem dois pares distintos de lados adjacentes iguais.

Atividade 3: A exploração dos quadriláteros por suas diagonais.

Com quatro varetas, duas a duas com a mesma medida e sendo a medida de um par maior que a medida do outro par, explorar a relação entre as diagonais e o tipo de quadrilátero que pode ser obtido com a união consecutiva das pontas das varetas. Assim, que quadrilátero é possível obter utilizando como diagonais:

a) Duas varetas de mesma medida?

b) Duas varetas de medidas diferentes?

c) Duas varetas de mesma medida e perpendiculares?

d) Duas varetas de medidas diferentes e perpendiculares?

e) Duas varetas de mesma medida e oblíquas?

f) Duas varetas de medidas diferentes e oblíquas?

g) Duas varetas de mesma medida e oblíquas com intersecção em seus pontos médios?

h) Duas varetas de mesma medida e oblíquas e apenas uma com intersecção no ponto médio?

i) Duas varetas de mesma medida e oblíquas e nenhuma com intersecção nos pontos médios?

j) Duas varetas de medidas diferentes e oblíquas com intersecção em seus pontos médios?

k) Duas varetas de medidas diferentes e oblíquas e apenas uma com intersecção no ponto médio?

l) Duas varetas de medidas diferentes e oblíquas e nenhuma com intersecção nos pontos médios?

ATIVIDADE 4: A EXPLORAÇÃO DO GEOGEBRA

As atividades a seguir procuram apresentar estratégias de exploração com o uso do software livre de Geometria Dinâmica, GeoGebra, disponível em: <http://www.geogebra.org> para baixar ou em <http://www.geogebra.org/webstart/geogebra.html> para trabalhar online e têm como um dos objetivos, capacitar o aluno a utilizar as suas ferramentas para auxiliar na verificação das propriedades dos objetos construídos.

As atividades serão propostas passo a passo, de modo a permitir que o professor não só conheça e explore as ferramentas do GeoGebra, como também identifique as atividades que poderão servir de suporte para sua prática docente.

Para a realização das atividades com o uso do GeoGebra é importante observar o significado das palavras "desenhar" e "construir" no contexto da geometria:

*Desenhar é reproduzir a imagem mental que temos de um objeto geométrico. É uma das representações de um objeto geométrico teórico. É um traçado material cuja validade é apenas para uma posição particular dos objetos iniciais.*

*Construir é utilizar as propriedades do objeto geométrico para obter sua representação. A construção, quando realizada num software de geometria dinâmica, preserva, quando do deslocamento de um de seus pontos, as propriedades ligadas ao objeto geométrico que representa. Podemos dizer que, nesse caso, a construção é um desenho dinâmico que não perde as suas propriedades quando do deslocamento de um de seus pontos de base (BONGIOVANNI, 2006, p. 4, apud COSTA, 2008, p.54).*

Algumas das atividades a seguir foram adaptadas de Abar e Barbosa (2010) e têm como objetivo, inicialmente, ajudar o professor a se familiarizar com a tela e com algumas opções de ferramentas do GeoGebra, capacitá-lo a produzir figuras com formatação e legendas e fazer algumas construções geométricas fundamentais do desenho geométrico utilizando os recursos básicos do software.

a) Conhecendo as ferramentas do GeoGebra(adaptada de: ABAR; BARBOSA, 2010)

Iniciar o aplicativo GeoGebra. Na tela há duas janelas: a janela algébrica, do lado esquerdo e a geométrica, do lado direito. A janela algébrica pode ser fechada ou aberta clicando-se na cruzinha x ou na opção Exibir – Janela de álgebra. Fechar a janela algébrica.

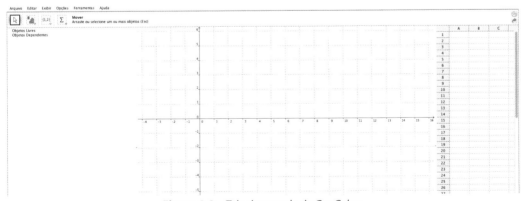

**Figura 2.3** – *Tela de entrada do GeoGebra.*

Como mostra a Figura 2.3, há outra janela no GeoGebra – uma planilha do lado direito – que não será explorada neste capítulo. Assim, também pode-se fechar essa planilha, se for o caso.

Na janela geométrica, os eixos cartesianos e a malha podem ser exibidos ou escondidos, por meio da opção do menu Exibir: Exibir – Eixo e Exibir – Malha. Esconder os eixos e a malha.

Na parte inferior da tela do GeoGebra, há uma Caixa de Entrada e uma de Comando que podem ser exibidas ou escondidas por meio da opção Exibir – Campo de Entrada. Esconder a Caixa de Entrada.

A tela obtida com essas ações de esconder deve estar semelhante à Figura 2.4.

**Figura 2.4** – Tela do GeoGebra.

Na parte superior da janela, há os ícones com pequenas setas no canto inferior direito que abrem as ferramentas disponíveis.

O primeiro botão na barra de ferramentas é utilizado para selecionar e mover objetos. Sempre que se quiser selecionar um objeto para movimentá-lo ou alterar suas propriedades, esse botão deverá ser acionado.

b) Criando pontos livres (adaptada de: ABAR; BARBOSA, 2010)

Clicar na pequena seta do botão Ponto e escolher a opção Novo Ponto. Clicar na janela geométrica três vezes, em locais diferentes, para obter três pontos. Os três novos pontos são pontos livres, pois não dependem de nenhum outro objeto como na Figura 2.5.

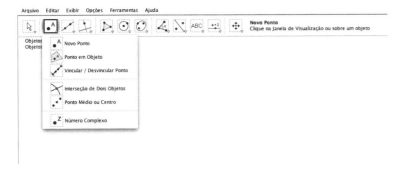

**Figura 2.5** – *Criando pontos no GeoGebra.*

 Não se esquecer de clicar logo em seguida no botão Mover para desativar a ferramenta de criação de pontos.

Para desfazer uma ação, basta escolher, no menu superior da janela geométrica, a opção Editar – Desfazer. Pode-se refazer o que foi desfeito com a opção Editar – Refazer. Experimentar desfazer/refazer a última operação executada anteriormente.

c) Modificando o aspecto de um objeto (adaptada de: ABAR; BARBOSA, 2010)

O aspecto de um objeto pode ser modificado ao se alterar valores de suas propriedades. Após selecionar um objeto (botão Mover), clicando sobre o objeto com o botão direito do mouse pode-se ver um menu de opções, como na Figura 2.6. Com a opção Exibir Rótulo, pode-se exibir ou esconder o rótulo com a denominação do objeto. Essa denominação pode ser alterada na opção Renomear. Para deletar o objeto, utiliza-se a opção Apagar.

**Figura 2.6** – Ferramentas para modificar um objeto.

Na opção Propriedades, encontra-se a ferramenta para alterar a cor do objeto, como na Figura 2.7. Inicialmente é apresentada uma pequena janela contendo do lado esquerdo, todos os objetos que foram criados e, do lado direito, opções referentes ao objeto que está selecionado. Clicando-se na opção Cor, vê-se uma janela com as possíveis escolhas para a cor do objeto, e basta clicar sobre escolhida para alterar a cor do objeto. Outras alterações podem ser executadas abrindo-se as outras abas da janela como básico, estilo, álgebra e avançado, que serão exploradas em outras atividades de alguns capítulos.

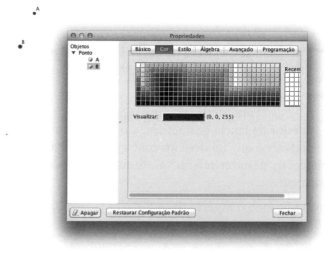

**Figura 2.7** – *Ferramentas para modificar um objeto.*

d) Selecionar um dos três pontos livres e alterar as seguintes propriedades: exibir/esconder rótulo, mudar a cor, alterar o rótulo, apagar o objeto. Salvar a construção em seu computador.

ATIVIDADE 5: EXPERIMENTANDO AS FERRAMENTAS DO GEOGEBRA (ADAPTADA DE: ABAR; BARBOSA, 2010)

Iniciar o aplicativo GeoGebra para fazer as construções a seguir, todas na mesma janela. Para colocar as legendas utilizar a ferramenta Inserir Texto. Não se esquecer de clicar no botão Mover após a utilização de cada ferramenta.

a) Utilizar as ferramentas Segmento Definido por Dois Pontos e Reta Definida por Dois Pontos para construir as figuras a seguir:

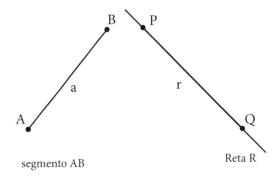

b) Utilizar as ferramentas: "Reta Paralela" e "Reta Perpendicular" para construir as figuras a seguir:

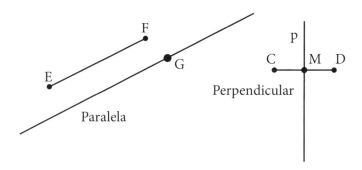

c) Registrar suas conclusões

Pode-se exportar toda a figura para um documento aberto em outro aplicativo e registrar a experiência, colocando as observações e dicas. Para isso, basta escolher a opção Exportar, no menu Arquivo, e selecionar a opção Copiar Para a Área de Transferência. No documento em que desejar inserir a figura, clicar com o botão direito do mouse e escolher a opção Colar. Experimente!

Atividade 6: A exploração dos quadriláteros no GeoGebra (adaptada de: ABAR; BARBOSA, 2010)

a) Na figura a seguir, são apresentados os passos para a construção de um quadrado. Tentar reproduzir essa figura, inclusive a formatação e o texto

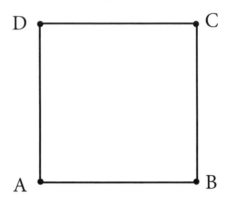

### Passos para a construção do quadrado

Fazer todas as linhas de construção tracejadas

1. Construir segmento AB.
2. Fixar pontos A e B.
3. Construir a perpendicular ao segmento AB pelo ponto A.
4. Construir o círculo com centro A passando pelo ponto B.
5. Construir a intersecção da reta perpendicular e o círculo.
6. Nomear os dois pontos obtidos, M(inferior) e D(superior).
7. Construir a paralela ao segmento AB pelo ponto D.
8. Construir o círculo com centro D passando pelo ponto A.
9. Construir a intersecção da reta paralela e esse círculo.
10. Nomear os dois pontos obtidos, N(esquerda) e C(direita).
11. Construir os segmentos AD, BC e CD.
12. Fazer os segmentos com espessura de linha 5.
13. Esconder todas as linhas de construção.

b) Explorando a construção

Observar que o quadrado construído não pode ser modificado, é uma figura estática. Apenas os pontos A e B foram fixados, mas não se pode mover nenhuma outra parte da figura. Alterando a opção Fixar Ponto Somente para o Ponto B é possível fazer alguns movimentos e, se for feito o mesmo com o ponto A, toda a figura pode ser deslocada. Entretanto, a figura será sempre de um quadrado, ou seja, é uma figura robusta.

**Figura robusta:** mantém as propriedades ao ser movimentada.

ATIVIDADE 7: CONSTRUINDO QUADRILÁTEROS NO GEOGEBRA (ADAPTADA DE: ABAR: BARBOSA, 2010)

Abrir um novo arquivo no GeoGebra para construir três quadriláteros como os da Figura 2.8 a seguir, de modo que:

- Os pontos nomeados A, B, C, D, E e F sejam fixos.
- Ao movimentar a figura intitulada PARALELOGRAMO, os lados opostos permaneçam paralelos, qualquer que seja o deslocamento efetuado, mas os ângulos internos do quadrilátero não sejam necessariamente ângulos retos.
- Ao movimentar a figura intitulada RETÂNGULO, os quatro ângulos internos do quadrilátero sejam sempre ângulos retos.
- Ao movimentar a figura intitulada TRAPÉZIO o segmento EF e o segmento oposto permaneçam paralelos, podendo ser os ângulos internos ao quadrilátero todos diferentes entre si.

**Paralelogramo:** quadrilátero que tem dois pares de lados paralelos.

**Retângulo:** quadrilátero que tem os quatro ângulos retos.

**Trapézio:** quadrilátero que tem dois lados paralelos.

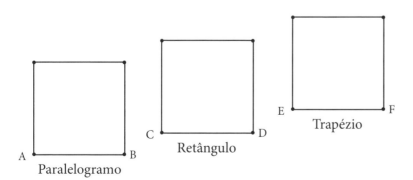

**Figura 2.8** – *Quadriláteros iniciais no GeoGebra.*

Tentar movimentar os vértices dos quadriláteros construídos. Observar que qualquer movimentação efetuada deve preservar as características de construção. Mesmo que se altere o atributo Fixar ponto dos vértices A, B, C, D, E e F, essas características devem permanecer válidas. Observar um aspecto da Figura 2.8, obtido na Figura 2.9 a seguir, após a movimentação.

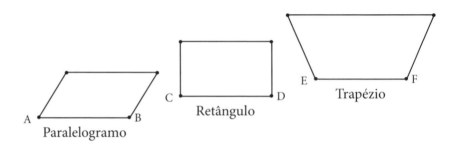

**Figura 2.9** – *Quadriláteros finais no GeoGebra.*

ATIVIDADE 8: A EXPLORAÇÃO DAS PROPRIEDADES DO TRIÂNGULO (ADAPTADA DE: ABAR; BARBOSA, 2010)

Abrir um novo arquivo no GeoGebra e construir um triângulo PQR, sendo P, Q e R pontos quaisquer. Salvar separadamente cada uma das construções a seguir em um novo arquivo.

a) Ortocentro – é o ponto O de encontro das alturas de um triângulo. Altura de um triângulo ABC relativa ao lado AB é o segmento que tem uma extremidade no vértice C, oposto a esse lado, e a outra extremidade na intersecção da perpendicular pelo vértice C à reta AB.

Construir as três retas que contêm as alturas do triângulo e o ponto O de intersecção de duas das retas. Verificar experimentalmente que o ponto O pertence à terceira reta.

b) Circuncentro – é o ponto C de encontro das mediatrizes dos lados de um triângulo. Mediatriz de um segmento é a perpendicular pelo ponto médio do segmento.

Com a ferramenta "Mediatriz", construir as duas mediatrizes, respectivamente, relativas ao lado PQ e ao lado PR e o ponto C de intersecção das duas mediatrizes. Construir a reta que passa pelo ponto C e pelo ponto médio do lado QR. Verificar experimentalmente que essa reta é mediatriz do lado QR.

c) Incentro – é o ponto I de encontro das bissetrizes dos ângulos internos de um triângulo. Bissetriz de um ângulo é a reta que divide o ângulo em dois ângulos congruentes.

Usando a ferramenta "Bissetriz", construir as três bissetrizes, respectivamente, relativas aos ângulos $P\hat{Q}R$, $Q\hat{R}P$ e $R\hat{P}Q$ e o ponto I de intersecção das bissetrizes. Verificar, com auxílio do GeoGebra, que esse ponto é único.

d) Baricentro – é o ponto G de encontro das medianas de um triângulo. Uma mediana é a reta que passa por um vértice do triângulo e pelo ponto médio do lado oposto a esse vértice.

Construir as três medianas do triângulo PQR e determinar o ponto G de intersecção das medianas. Verificar que esse ponto é único.

ATIVIDADE 9: EXPLORANDO O SEGMENTO DE EULER (ADAPTADA DE: ABAR; BARBOSA, 2010)

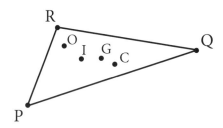

**Figura 2.10** – *Importantes pontos do Triângulo.*

Observar a Figura 2.10. Três dos quatro pontos, construídos na atividade anterior, parecem estar alinhados, qualquer que seja o triângulo. Construir a reta que passa por dois desses pontos e verificar qual o terceiro ponto. Construir o segmento que contém os três pontos – esse segmento é o segmento de EULER. Use o GeoGebra para investigar e responder às questões:

Segmento de EULER: nome dado em homenagem a Leonhard Paul Euler (1707-1783), matemático e físico suíço, famoso por seus trabalhos em mecânica, óptica e astronomia. Euler é considerado um dos mais proeminentes matemáticos do século XVIII.

a) Construir um triângulo isósceles e verificar se o segmento que passa pelos pontos O e C contém os mesmos três pontos. Fazer o mesmo com um triângulo retângulo.

b) O segmento de Euler está contido inteiramente no interior do triângulo? O incentro pode pertencer ao segmento em algum caso particular?

Ao realizar construções geométricas no GeoGebra, é conveniente modificar o aspecto dos objetos de construção, ao final de cada etapa para diferenciá-las, com relação à cor, espessura, tipo de tracejado etc. Basta clicar com o botão direito do mouse sobre o objeto e depois em Propriedades.

ATIVIDADE 10: IDENTIFICANDO ÂNGULOS CONGRUENTES, COMPLEMENTARES E SUPLEMENTARES EM FEIXES DE RETAS PARALELAS CORTADAS POR RETAS TRANSVERSAIS (ADAPTADA DE: VILLIERS, 2010, P.407)

Mosaico: termo origem na palavra grega mouseĭn, a mesma que deu origem à palavra música, que significa próprio das musas. É uma forma de arte decorativa milenar cujo objetivo é preencher algum tipo de plano, como pisos e paredes.

Em um modelo de mosaico triangular como o exibido na Figura 2.11 colocar as seguintes questões aos seus alunos:

a) Identificar e colorir linhas paralelas.

b) O que se pode dizer sobre os ângulos A, B, C , D e E e por quê?

c) O que você pode dizer sobre os ângulos A, 1, 2, 3 e 4 e por quê?

d) Colocar outras questões, com base na Figura 2.11, para explorar ângulos complementares e suplementares.

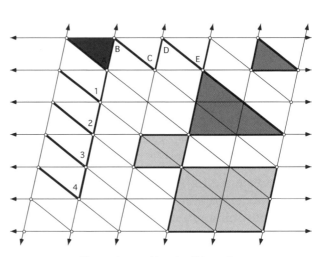

**Figura 2.11** – *Mosaico Triangular.*

ATIVIDADE 11: A EXPLORAÇÃO DAS PROPRIEDADES DA CIRCUNFERÊNCIA (ADAPTADA DE: ABAR; BARBOSA, 2010)

Nesta atividade o objetivo é capacitar o aluno a identificar e verificar algumas propriedades dos círculos e alguns de seus componentes básicos.

A ferramenta disponível no GeoGebra é denominada círculo e não circunferência. Qual a diferença? Como podemos constatar que a ferramenta do GeoGebra faz um círculo?

Em um novo arquivo do GeoGebra, construir um círculo de centro C e um ponto P fora do círculo. Seguir o roteiro descrito na Figura 2.12 para construir a reta tangente ao círculo passando pelo ponto P.

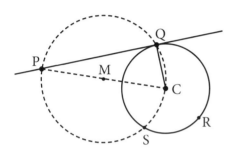

**Construção de uma reta tangente ao círculo pelo ponto P**

1. Construa o segmento PC.
2. Construa o ponto médio M de PC.
3. Construa o círculo de centro M passando pelo ponto C.
4. Construa o ponto Q de intersecção dos dois círculos.
5. Construa o segmento CQ.
6. Construa pelo ponto Q, a reta perpendicular ao raio CQ.

**Figura 2.12** – *Construção da Reta tangente ao círculo.*

Na barra de ferramentas do GeoGebra há uma ferramenta que executa a mesma tarefa. Verificar se o resultado final é o mesmo. O que ocorre quando o ponto P está no interior do círculo? Tente explicar.

ATIVIDADE 12: CÍRCULO INSCRITO EM POLÍGONOS REGULARES (ADAPTADA DE: ABAR; BARBOSA, 2010)

Se um círculo é inscrito em um polígono regular, o centro do círculo é equidistante dos lados do polígono. Isso significa que o centro do círculo pertence à bissetriz do ângulo formado por dois lados quaisquer adjacentes. Além disso, os lados do polígono são tangentes ao círculo. Usar essas afirmações para as construções exibidas a seguir, na Figura 2.13.

Inscrito: de modo geral, o termo indica que o polígono está envolvido por outra forma geométrica. Esse polígono inscrito tem todos os seus vértices sobre os segmentos que formam a outra figura na qual ele está inscrito.

a) Construir um triângulo equilátero usando as ferramentas polígono regular e um círculo inscrito no triângulo.

b) Construir um quadrado usando as ferramentas polígono regular e um círculo inscrito no quadrado.

c) Construir um hexágono regular usando as ferramentas polígono regular e um círculo inscrito no hexágono.

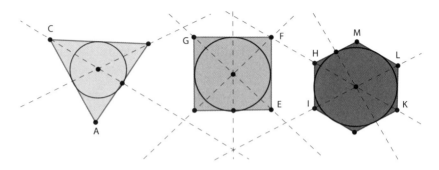

**Figura 2.13** – *Círculos inscritos em polígonos regulares.*

> **Circunscrito:** termo que, de modo geral, significa que o polígono envolve outra forma geométrica. Esse polígono circunscrito tem todos os seus vértices sobre os segmentos que formam a outra figura na qual ele está circunscrito.

ATIVIDADE 13: CÍRCULO CIRCUNSCRITO EM POLÍGONOS REGULARES (ADAPTADA DE: ABAR; BARBOSA, 2010)

Se um círculo é circunscrito a um polígono regular, o centro do círculo é equidistante dos vértices do polígono. Isso significa que o centro do círculo pertence à mediatriz de qualquer um dos lados do polígono. Além disso, os vértices pertencem ao círculo. Usar essas afirmações para as construções exibidas a seguir, na Figura 2.14.

Construir um triângulo equilátero usando as ferramentas polígono regular e um círculo circunscrito no triângulo.

Construir um quadrado usando as ferramentas polígono regular e um círculo circunscrito no quadrado.

Construir um hexágono regular usando as ferramentas polígono regular e um círculo circunscrito no hexágono.

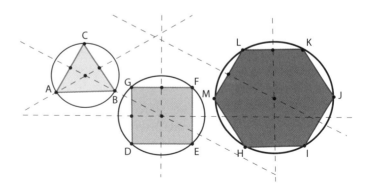

**Figura 2.14** – *Círculos circunscritos em polígonos regulares.*

## 2.5 PARA FINALIZAR

Neste capítulo, continuou-se com algumas considerações sobre os PCN com relação ao Bloco Espaço e Forma e na Geometria Plana. Algumas pesquisas e trabalhos deram suporte a este conteúdo e permitiram um percurso para a exploração das atividades propostas. A utilização do software GeoGebra indica as possibilidades motivadoras para explorar a Geometria de modo dinâmico.

No próximo capítulo serão exploradas as isometrias, tema importante ainda presente no bloco Espaço e Forma.

> Isometrias: são as transformações geométricas como translação, reflexão e rotação.

## 2.6 REFERÊNCIAS BIBLIOGRÁFICAS

ABAR, Celina A. A. P.; BARBOSA, Lisbete. M. *Matemática dinâmica*. Conteúdos do curso de extensão a distância criado pelas autoras e oferecido pela Cogeae da PUC/SP, 2010.

BONGIOVANNI, Vincenzo. As diferentes definições dos quadriláteros notáveis. *RPM - Revista do Professor de Matemática*, São Paulo, n. 55, p. 29-32, 3º quadrimestre de 2006. SBM (Sociedade Brasileira de Matemática).

BRASIL, Ministério da Educação, Secretaria de Educação Média e Tecnológica. *Parâmetros curriculares nacionais* (PCN). Brasília: Ministério da Educação, 1998. Disponível em: <http://portal.mec.gov.br/seb/arquivos/pdf/matematica.pdf>. Acessado em 13/08/2011.

BRESSAN, Ana Maria; BOGISIC, Beatriz; CREGO, Karina. *Razones para enseñar geometria en la educación básica*. Buenos Aires: Centro de Publicaciones Educativas, 2006.

CHEVALLARD, Yves. *La transposition didactique*. Grenoble: La Pensée Sauvage-Éditions, 1991.

COSTA, Adilson Oliveira da. *Proposta de uma oficina para a prática docente no ensino fundamental*: utilizando o Cabri na investigação de quadriláteros. 2008. Dissertação (Mestrado em Educação Matemática) – Pontifícia Universidade Católica de São Paulo, São Paulo, 2008.

COZZOLINO, Adriana Maria. *O ensino da perspectiva usando Cabri 3D*: uma experiência com alunos do ensino médio. 2008. Dissertação (Mestrado em Educação Matemática) – Pontifícia Universidade Católica de São Paulo, São Paulo, 2008.

MARQUEZE, João Pedro. *As faces dos sólidos platônicos na superfície esférica*: uma proposta para o ensino-aprendizagem de noções básicas de Geometria Esférica. 2006. Dissertação (Mestrado em Educação Matemática) – Pontifícia Universidade Católica de São Paulo, São Paulo, 2006.

PARZYSZ, Bernard. *Représentations planes et enseignement de la géométrie de l'espace au lycée*. Contribution à l'étude de la relation voir/savoir. 1989. Tese (Terceiro ciclo) – Université Paris 7, Paris, 1989.

POHL, Victoria. Visualizando o espaço tridimensional pela construção de poliedros. In: *Aprendendo e ensinando geometria*, tradução de Hygino H. Domingues. São Paulo: Ed. Atual, 1994.

VAN HIELE, Pierre. *Structure and insight*: a theory of mathematics education. Orlando: Academic Press, 1986.

VILLIERS, Michael de. Algumas reflexões sobre a teoria de Van Hiele. Tradução Celina A. A. P. Abar. *Educação Matemática Pesquisa*, São Paulo, v.12, n.3, p. 400-431, 2010.

ZULATTO, Rubia Barcelos Amaral. *Professores de matemática que utilizam softwares de geometria dinâmica*: suas características e perspectivas. 2002. Dissertação (Mestrado em Educação Matemática) –Universidade Estadual Paulista, Rio Claro, 2002.

**NOTA DAS AUTORAS PARA O PROFESSOR:**

Neste capítulo procuramos abarcar os seguintes tópicos do bloco Espaço e Forma segundo os PCN (Brasil, 1998):

- conceitos de paralelismo;
- construção da noção de ângulo;
- classificação de ângulos;
- retas paralelas e perpendiculares;
- bissetriz de um ângulo;
- alturas, bissetrizes, medianas e mediatrizes de um triângulo;
- mediatriz de um segmento;
- Teorema de Tales;
- identificação de ângulos congruentes, complementares e suplementares, em feixes de retas paralelas cortadas por retas transversais;
- conceito de diagonal de um polígono a partir da observação de regularidades existentes entre o número de lados e de diagonais;
- divisão de segmentos em partes proporcionais e construção de retas paralelas e retas perpendiculares.

# 3

# A Matemática que inspira a arte: as transformações geométricas

Fonte: Islamic Architecture. Palácio Topkapi. Disponível em:
< http://www.topkapisarayi.gov.tr/ Acesso em 13 ago. 2011.

O Palácio Topkapi, em Istambul, na Turquia, oferece a visão de inúmeros mosaicos geométricos

## 3.1 INTRODUÇÃO

Este capítulo encerra o estudo do bloco Espaço e Forma com a exploração das transformações geométricas, importante tema da Matemática e atraente para os alunos, pois permite que se estabeleçam conexões entre a matemática e outras áreas do conhecimento a partir da exploração de objetos do mundo físico.

Transformações geométricas: processo pelo qual ao mover todos os pontos de uma figura geométrica, de acordo com certas regras, cria-se uma imagem da figura original.

## 3.2 O QUE DIZEM OS PCN E AS PESQUISAS?

**Transformação:** termo que designa uma categoria de funções, com caráter algébrico, estabelecendo, assim, um elo entre a Geometria e a Álgebra.

O estudo das transformações geométricas é um assunto que está relacionado com o dia a dia, pois ao observar os objetos presentes no nosso cotidiano é possível perceber a simetria em diversas construções humanas, como edifícios, móveis, carros; logotipos de empresas; nas flores; a imagem de um objeto no espelho e também no corpo humano.

Segundo os PCN (1998, p. 51):

> *(...) destaca-se também nesse trabalho a importância das transformações geométricas (isometrias, homotetias), de modo que permita o desenvolvimento de habilidades de percepção espacial e como recurso para induzir de forma experimental a descoberta, por exemplo, das condições para que duas figuras sejam congruentes ou semelhantes.*

Bilac (2008, p. 16) observa que:

> *A palavra 'transformação', em sua acepção mais simples, é algo que muda suas características, conservando sua essência. Quando esta definição é trazida para onde os corpos rígidos se movimentam, o entendimento pode ser considerado diverso, pois se considerarmos apenas um único objeto ele não se transforma, porém pode modificar a configuração de um ambiente quando alterada sua posição.*

Desse modo, ter como objetivo capacitar os alunos para identificar as transformações geométricas e verificar, com o uso de um software de Geometria Dinâmica como o GeoGebra, que algumas propriedades dessas transformações e as figuras transformadas permitem, por exemplo, a identificação de alguns tipos de pavimentações do plano em especial dos mosaicos.

**Pavimentação ou tesselação:** padrões de figuras repetidas que cobrem o plano sem "buracos" ou "sobreposições".

**Mosaicos:** pavimentações formadas com figuras que podem cobrir o plano ou uma parte do plano e estão presentes na arte oriental, islâmica, celta, japonesa, ocidental. Construídas para revestir tetos, paredes, pisos de templos, objetos de decoração em palácios ou residências modernas.

Para figuras geométricas cobrirem um plano sem "buracos" ou "sobreposições", seus ângulos, quando posicionados com os respectivos vértices em um mesmo ponto, têm a soma de suas medidas igual a 360°. Os triângulos, quadrados e hexágonos verificam essa regra, o que não acontece com o pentágono, como pode ser observado na figura a seguir.

## 3.3 UM PANORAMA DAS TRANSFORMAÇÕES GEOMÉTRICAS

Uma transformação geométrica pode ser considerada uma aplicação bijetora entre duas figuras geométricas, pois a partir de uma figura geométrica original se forma outra geometricamente congruente ou semelhante.

Exemplos de transformações são as isometrias que são transformações do plano que não distorcem as formas e tamanhos; por esse motivo, elas são conhecidas também movimentos rígidos. Pertencem a essa categoria todos os movimentos que conservam a distância e a posição relativa entre os respectivos pontos como, por exemplo, a translação (figura 3.1), rotação e reflexão.

**Congruentes:** figuras com mesma forma e tamanho.

**Semelhantes:** figuras com a mesma forma, independentemente de seu tamanho.

**Movimentos rígidos:** são movimentos que levam uma figura sobre outra que lhe é congruente.

**Translação:** cada ponto da figura imagem é equidistante do ponto correspondente da figura original.

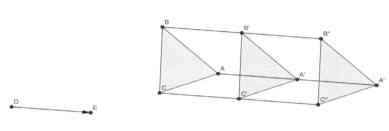

**Figura 3.1** – *Exemplo da transformação de translação.*

**Rotação:** todos os pontos da figura original rotacionam uma mesma medida em graus em relação a um ponto fixo, ou no sentido horário, ou no sentido anti-horário.

Outro tipo de transformação são as homotetias utilizadas para "ampliar" ou "diminuir" o tamanho das figuras por meio, respectivamente, das dilações e contrações. Essa transformação não preserva o tamanho e pode ser considerada um movimento não rígido.

**Reflexão:** produz uma imagem "espelho" e o "espelho" é considerado a linha ou o eixo da reflexão.

As dilações e contrações mantêm um ponto fixo e "aumentam" ou "diminuem", respectivamente, a figura original por meio dos segmentos de reta que passam pelo ponto fixo e por um fator constante K, chamado razão da homotetia, como se pode observar na Figura 3.2.

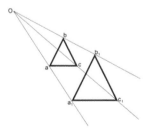

**Figura 3.2** – Exemplo da transformação de dilação.

Até o século XIX as transformações geométricas possuíam um caráter intuitivo e, a partir do Programa Erlanger de Felix Klein, as transformações geométricas foram formalizadas ao se considerar as homotetias e semelhanças grupo principal da geometria Euclidiana e as isometrias um subgrupo do grupo das semelhanças.

Fernandes (2007, p. 32) argumenta que:

> *Do ponto de vista estritamente artístico, as pavimentações constituem uma manifestação artística ancestral. Os exemplos que podem ainda hoje ser observados no mosteiro de Alhambra (Séc. XIII–XIV) evidenciam um conhecimento notável das possibilidades combinatórias desta técnica. Tal facto surpreende-nos a todos do mesmo modo que surpreendeu Escher. Essas possibilidades podem ser descritas em termos de noções geométricas clássicas que envolvem a noção de grupo de simetria. Ainda mais surpreendente é, certamente, o facto de a geometria clássica ser insuficiente para descrever a riqueza do universo das pavimentações.*

**Figura 3.3** - *Alhambra (pencil, 1936).*

Rita Bastos: do Grupo de Trabalho de Geometria da Associação Portuguesa de Matemática (APM)

É importante observar que as transformações geométricas não se limitam às isometrias e semelhanças. Bastos (2007, p. 24) afirma que:

> *O mundo das transformações geométricas é muito vasto. Para além das transformações que melhor conhecemos — as isometrias e as semelhanças — temos um sem-número de exemplos de transformações geométricas, com as quais os nossos alunos poderiam tomar contacto, não para conhecer os seus nomes ou enumerar as suas propriedades, mas para se*

*aperceberem da riqueza desta área da geometria e de que, tal como noutros temas matemáticos, há uma estrutura comum por trás de tanta diversidade.*

O trabalho desenvolvido por Bilac (2008) é uma referência interessante e inspiradora para o professor criar suas próprias atividades. Para ele é importante a compreensão de que as transformações geométricas também podem ser consideradas do ponto de vista algébrico como observa Bastos (2007, p. 26):

*Uma transformação geométrica é sempre uma função bijectiva, de um espaço nele próprio. Nós, professores do ensino básico e secundário, trabalhamos apenas com as transformações geométricas em que esse espaço é o conjunto de pontos do plano, muitas vezes designado por R2, dada a identificação de cada ponto com as suas coordenadas, ou o conjunto de pontos do espaço tridimensional, também chamado R3. Portanto, e dito de outra maneira, uma transformação geométrica é uma correspondência biunívoca do conjunto de todos os pontos do plano (ou de todos os pontos do espaço) sobre si próprio. Este é um aspecto muito importante que é muitas vezes esquecido.*

Como podemos observar, as transformações geométricas se configuram como um relevante tópico dentro do bloco Espaço e Forma e, sendo exploradas com criatividade, podem desenvolver, no aluno, habilidades importantes para a compreensão da Matemática.

## 3.4 DA TEORIA À PRÁTICA: PROPOSTA DE CONSTRUÇÃO DE UM MOSAICO

Para alcançar o objetivo da construção de um mosaico é necessário propor aos alunos atividades preliminares que darão suporte à sua construção, acompanhadas de questões que envolvem outras construções e outros tópicos da Matemática como ângulos, quadriláteros, triângulos etc. Desse modo, ao estudar a proposta de construção de um mosaico na Atividade 2, espera-se que o professor identifique os tópicos da Matemática que precisam ser conhecidos antecipadamente, como na Atividade 1 na qual são exploradas algumas transformações com o uso do GeoGebra.

Atividade 1: Construções das transformações de uma figura

Na tela do GeoGebra, com apenas a janela geométrica aberta e os eixos escondidos, utilizar a ferramenta Incluir Imagem para

*Mosaico: padrão encontrado na natureza e na arte e que possui três características: a unidade, a repetição e um sistema de organização que utiliza simetria.*

obter uma figura na janela geométrica. As ferramentas utilizadas podem ser observadas na figura a seguir.

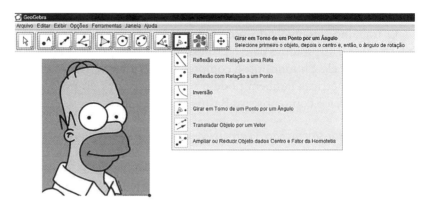

a) Definir uma reta para obter a reflexão da figura em relação à reta. Essa transformação é chamada de simetria axial, pois a linha de reflexão é uma reta.

Ao propor aos alunos, como atividade, que determinem os eixos de simetria dos polígonos, eles irão descobrir que alguns polígonos não têm eixo de simetria, outros têm apenas um eixo de simetria e outros, ainda, têm mais de um eixo de simetria. Um quadrado, por exemplo, tem quatro eixos de simetria, como pode ser observado na figura a seguir. Quantos eixos de simetria podem ter os triângulos? Resposta no final do capítulo!

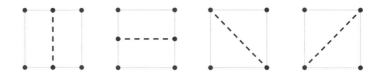

b) Definir um ponto para obter a reflexão da figura em relação a um ponto. Essa transformação é chamada de simetria central.

c) Definir um vetor para obter a translação da figura em relação ao vetor. Essa transformação é chamada de translação.

d) Definir o centro e o fator da homotetia para obter a figura. Essa transformação é chamada de dilação.

Atividade 2: Construção de um mosaico por meio da rotação de um triângulo

Esta atividade pretender orientar os professores sobre uma proposta para que seus alunos construam um mosaico com o uso do GeoGebra. Neste tipo de atividade é favorável que os alunos trabalhem em grupo e desenvolvam atitudes colaborativas. Esta atividade foi adaptada da WebQuest "Seja um artista"* com orientações em Abar e Barbosa (2008).

*Disponível em: <http://www.pucsp.br/tecmem/Artista/>.

*Fonte: All M.C Escher works © Cordon Art - Baarn - Holland*
*All rignts reserved. Used by permission.*

PASSO 1: Acompanhar cada item de construção pelas respectivas figuras a seguir. Observar que as construções auxiliares foram escondidas com o uso da ferramenta Esconder Objetos do GeoGebra.

a) Construir um triângulo equilátero e marcar o baricentro.

b) Construir um polígono, interior ao triângulo inicial, usando o seu centro e um dos seus vértices.

e) Fazer uma rotação de 120° desse polígono, utilizando a ferramenta Girar em Torno de um Ponto por um Ângulo, no sentido anti-horário, onde o ponto é o baricentro do triângulo inicial. Clicar, nessa ordem: no polígono, no baricentro e escrever 120° na janela que se abre.

a) Repetir o procedimento anterior para o novo polígono interior criado no item c.

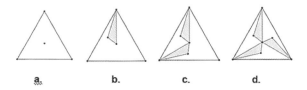

a. b. c. d.

b) Construir um novo polígono interior unindo os seis pontos interiores e esconda o polígono interior menor.

c) Repetir duas vezes o procedimento anterior e colorir a gosto os três polígonos. Clicar em cada polígono com o botão direito do mouse e em propriedades. Clicar na aba Estilo e aumentar o Preenchimento para 50.

d) Colorir cada polígono interior ao triângulo inicial formando a base para o mosaico.

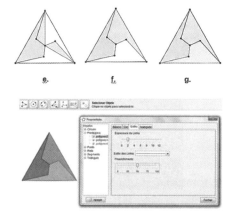

e. f. g.

e) Importante: deixar visível os vértices dos polígonos interiores.

PASSO 2: Acompanhar os itens de construção pelas respectivas figuras a seguir. Construir a base para o mosaico.

a) Fazer uma rotação de 60° da figura de base, com centro no vértice direito da base do triângulo.

b) Fazer uma rotação de 60° do segundo triângulo, com centro no mesmo vértice do triângulo.

c) Fazer uma rotação de 60° do terceiro triângulo, com centro no mesmo vértice do triângulo.

d) Fazer uma rotação de 60° do quarto triângulo, com centro no mesmo vértice do triângulo.

e) Fazer uma rotação de 60° do quinto triângulo, com centro no mesmo vértice do triângulo.

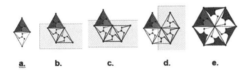

f) Criar e colorir cada polígono interior do hexágono.

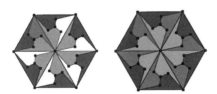

Neste passo, o professor pode solicitar aos alunos que pintem todos os polígonos, de uma mesma cor, de cada vez, identificando o movimento de rotação. Essa figura já pode ser um mosaico ou base para outro mosaico para obter uma pavimentação.

PASSO 3: Passos para iniciar uma pavimentação.

Definir vetores de translação ou pontos de rotação para transladar ou rotacionar o mosaico inicial obtido para pavimentar o plano. Se a construção tem muitos detalhes, como o do mosaico obtido no passo 2, será trabalhoso utilizar o software GeoGebra. No entanto, com figuras mais simples e criatividade, podem ser obtidos belos mosaicos! Experimente!

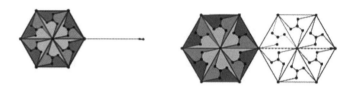

### 3.5 PARA FINALIZAR

Em primeiro lugar a resposta da Atividade 1.a: um triângulo pode ter um ou três eixos de simetria, mas não pode ter dois eixos de simetria, como pode ser observado na figura a seguir.

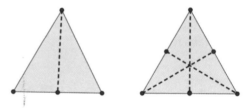

Com este capítulo, no qual foram exploradas as transformações geométricas e suas relações com a arte nas diversas atividades, se encerram algumas possibilidades para a exploração do bloco Espaço e Forma. Novamente o uso do GeoGebra foi importante e evidencia a importância da inserção da tecnologia na prática do professor e do aluno. Nos próximos dois capítulos serão explorados alguns conteúdos matemáticos que fazem parte do bloco Grandezas e Medidas.

### 3.6 REFERÊNCIAS BIBLIOGRÁFICAS

ABAR, Celina. A A. P; BARBOSA, Lisbete. M. WebQuest: um desafio para o professor. São Paulo: Editora Avercamp, 2008.

ABAR, Celina. A. A. P; BARBOSA, Lisbete. M. WebQuest: "Seja um Artista!". Disponível em: <http://www.pucsp.br/tecmem/Artista>. Acessado em 13/08/2011.

BASTOS, Rita. Notas sobre o ensino da geometria: Transformações geométricas. grupo de trabalho de geometria. Revista Educação e Matemática, n. 94, APM, 2007.

BILAC, Cristina Ulian. Possibilidades da aprendizagem de transformações geométricas com o uso do Cabri-Géomètre. 2008. Dissertação (Mestrado) – Pontifícia Universidade Católica de São Paulo, São Paulo, 2008. Disponível em: <http://www.pucsp.br/pos/edmat/mp/dissertacao/cristina_ulian_bilac.pdf>. Acessado em 13/08/2011

BRASIL, Ministério da Educação, Secretaria de Educação Média e Tecnológica. Parâmetros curriculares nacionais (PCN). Brasília: Ministério da Educação, 1998. Disponível em: <http://portal.mec.gov.br/seb/arquivos/pdf/matematica.pdf>. Acessado em 13/08/2011

FERNANDES, António Marques. Arte, matemática e "Arte e matemática"". Revista Educação e Matemática. n. 94, APM, 2007.

**NOTA DAS AUTORAS PARA O PROFESSOR:**

Neste capítulo procuramos abarcar os seguintes tópicos do bloco Espaço e Forma segundo os PCN (Brasil, 1998):

- reflexões, translações e rotações, ampliação e redução de figuras planas;
- segmento de reta orientado;
- soma dos ângulos internos do triângulo;
- soma dos ângulos internos de um polígono convexo;
- semelhança de figuras planas a partir de ampliações ou reduções;
- conceito de congruência de figuras planas a partir de transformações (reflexões em retas, translações, rotações e composições destas);
- verificar propriedades de triângulos e quadriláteros pelo reconhecimento dos casos de congruência de triângulos.

# 4

# Explorando grandezas e medidas

## 4.1 INTRODUÇÃO

São dois os capítulos deste livro que exploram o bloco Grandezas e Medidas. O primeiro capítulo apresenta um tratamento das noções e conceitos iniciais e a exploração das grandezas e medidas de superfícies planas. No segundo capítulo, são tratadas as grandezas e medidas tridimensionais. O objetivo, em ambos os capítulos, é apresentar algumas propostas que possam ser utilizadas e exploradas pelos alunos, em quais concepções elas podem ser trabalhadas e que habilidades podem ser desenvolvidas com o seu estudo.

São apresentadas, inicialmente, algumas indicações dos Parâmetros Curriculares Nacionais (PCN) sobre o bloco Grandezas e Medidas e um breve panorama de algumas pesquisas sobre o ensino desse objeto matemático. Estas considerações iniciais e suas relações estarão presentes nas atividades propostas e poderão ser utilizadas e adaptadas pelos professores na sua prática docente.

## 4.2 O QUE DIZEM OS PCN E AS PESQUISAS?

Pessoas trabalham com medidas de áreas em muitas ocupações. O mestre de obras calcula a área das paredes, pisos e tetos antes de adquirir a quantidade necessária de material para uma construção; pintores calculam a área da superfície para saber quanto cobrar por seu trabalho; o arquiteto de um jardim estuda a área a ser trabalhada para apresentar seu projeto etc. No campo científico, por exemplo, tanto os físicos como os químicos trabalham com medidas de grandezas em seus experimentos.

Assim, sobre o bloco Grandezas e Medidas, os PCN (1998, p. 51) afirmam que:

> *Na vida em sociedade, as grandezas e as medidas estão presentes em quase todas as atividades realizadas. Desse modo, desempenham papel importante no currículo, pois mostram claramente ao aluno a utilidade do conhecimento matemático no cotidiano.*

Freitas (2009, p. 138) evidencia em sua pesquisa que:

> *As manifestações dos alunos estão envolvidas mais por uma arte ao formular, resolver e buscar aplicações em termos de grandezas e medidas do que por uma compreensão mais ou menos técnica da maneira como se mede; tomam-se padrões para esta ou aquela grandeza; como se organizam e opera-se com eles.*

Assim, explorar atividades que estejam direcionadas ao "como se mede" vai ao encontro das orientações dos PCN (1998) de que este bloco "caracteriza-se por sua forte relevância social devido a seu caráter prático e utilitário, e pela possibilidade de variadas conexões com outras áreas do conhecimento". (FREITAS, 2009, p.30)

No prefácio de seu livro, Lima (1973) afirma que:

> *As noções de comprimento, área e volume estão entre as mais antigas da Matemática. Elas figuram com destaque nos "Elementos" de Euclides e têm sido assunto obrigatório nas escolas há séculos. É extraordinário que a última palavra sobre o assunto, a formulação, a solução precisa para certas questões básicas, só foi encontrada como advento do Cálculo Infinitesimal.*

**Cálculo Infinitesimal:** também chamado de Cálculo Diferencial e Integral, ou simplesmente Cálculo, é um ramo importante da matemática.

## 4.3 UM ENTENDIMENTO SOBRE GRANDEZAS E MEDIDAS

Por "Grandeza" se entende algo que pode ser medido como comprimento, temperatura, tempo, área, massa, volume, capacidade etc. e por "Medida" o número que expressa a respectiva "Grandeza" de acordo com uma unidade de medida. Assim a medição é a técnica por meio da qual é atribuído um número a uma grandeza, obtido como resultado de uma comparação com outra adotada como unidade. *Em outras palavras, para medir uma grandeza se deve compará-la a uma unidade de medida já definida.*

As figuras a seguir representam unidades de medida que podem ser utilizadas. Da esquerda para a direita, o metro, simbolizado por 1m; o metro quadrado, representado por $1m^2$ e o volume, simbolizado por $1m^3$.

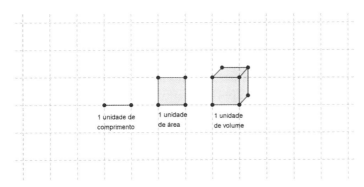

As medidas utilizadas estão padronizadas no Sistema Internacional de Medidas, pois em cada contexto é necessário que se estabeleça uma única unidade de medida para uma grandeza dada, de modo que a informação seja compreendida por todas as pessoas, o que pode não ocorrer, se forem empregadas distintas unidades de medida.

Assim, as medidas de uma mesma grandeza podem ser diferentes, de acordo com a cultura e costumes de uma população. Por exemplo, a grandeza "temperatura" pode ser medida por meio da unidade de medida grau Kelvin e, segundo a escala adotada: grau Celsius, grau Fahrenheit ou grau Réaumur, esse último atualmente em desuso no sistema internacional de medidas. Em qualquer caso, é necessário um instrumento apropriado, o termômetro, na respectiva unidade de medida, para se conhecer a medida da grandeza "temperatura". No entanto, para que a medida de uma grandeza seja compreendida pelas pessoas, há, em muitas situações a necessidade de conversão das medidas de uma escala para outra.

---

**Sistema Internacional de Medidas:** composto por sete unidades básicas e adotado por quase todos os países com o objetivo de padronizar as unidades de medida.

**Grau Kelvin:** simbolizado por K, é o nome da unidade de base do Sistema Internacional de Unidades para a grandeza temperatura. O grau Kelvin recebeu este nome em homenagem ao físico e engenheiro irlandês William Thomson, que se tornou Lorde Kelvin no Reino Unido.

**Grau Celsius ou centígrado:** simbolizado por °C, foi criado por Anders Celsius (1701-1744), astrônomo sueco.

**Grau Fahrenheit:** simbolizado por °F, foi proposto por Daniel Gabriel Fahrenheit (1686-1736), físico alemão, em 1724.

**Grau Réaumur:** simbolizado por °R, foi concebido em 1731 pelo físico e inventor francês René-Antoine Ferchault de Réaumur (1683-1757).

Neste bloco, segundo os PCN (1998, p.51),

> (...) podem ser tratadas diferentes grandezas (comprimento, massa, tempo, capacidade, temperatura etc.) incluindo as que são determinadas pela razão ou produto de duas outras (velocidade, energia elétrica, densidade demográfica etc.)

## 4.4 DA TEORIA À PRÁTICA: PROPOSTAS DE ATIVIDADES

As observações dos PCN (1998) orientam para explorar a utilização de instrumentos adequados para medir grandezas e, desse modo, segue uma proposta nessa linha de encaminhamento.

ATIVIDADE 1: RECONHECIMENTO DE INSTRUMENTOS DE MEDIDA DE GRANDEZAS

A proposta desta atividade é apresentar aos alunos vários instrumentos de medida ou imagens deles, como a seguir, e questioná-los sobre seus nomes, qual a grandeza que está sendo medida e, se possível, a respectiva unidade de medida. Fica a critério do professor escolher os instrumentos de acordo com sua classe, mas incentivar grupos de alunos a pesquisar sobre esses instrumentos e promover um jogo de adivinhações entre os grupos configura-se como uma atividade criativa e motivadora.

Quais grandezas medem, respectivamente, os instrumentos apresentados a seguir? É possível determinar a unidade de medida de cada um?

Termômetro

Ampulheta

Cronômetro

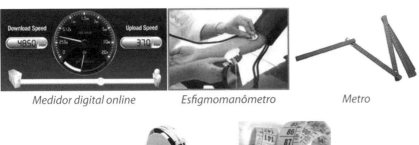

Medidor digital online    Esfigmomanômetro    Metro

Trena    Fita Métrica

ATIVIDADE 2: EXPLORANDO A GRANDEZA COMPRIMENTO

Segundo os PCN (1998, p.52) a exploração de grandezas e medidas

*(...) pode levar a uma discussão a respeito de algarismo duvidoso, algarismo significativo e arredondamento. Outro conteúdo destacado neste bloco é a obtenção de algumas medidas não diretamente acessíveis, que envolvem, por exemplo, conceitos e procedimentos da Geometria e da Física.*

Na busca por situações nas quais certos números precisam ser conhecidos e explorados pelos alunos, os conceitos de número racional e número irracional podem ser explorados e verificados nesta atividade. Ela pode ser resolvida em um papel quadriculado e, em seguida, utilizando-se o GeoGebra para confrontar os resultados obtidos. Uma questão interessante é solicitar aos alunos que identifiquem as unidades de medidas utilizadas nas duas situações, papel e software.

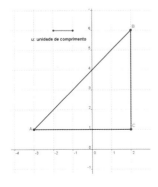

a) Localizar, no plano cartesiano, representado em um papel quadriculado, os seguintes pontos: A(-3; 1), B(2; 6) e C(2; 1) e uni--los. Qual o tipo de triângulo é obtido? Determinar o perímetro desse triângulo ABC.

b) Utilizar o GeoGebra para desenvolver os mesmos passos do item a, como na figura ao lado.

> c) Comparar os resultados obtidos da medida da hipotenusa do triângulo isósceles retângulo construído, com relação à unidade de comprimento adotada. Cada cateto é cinco vezes a unidade de comprimento e a hipotenusa não pode ser expressa em um número inteiro de vezes em função da unidade de comprimento.

Os catetos são segmentos que podem ser chamados de grandezas comensuráveis, pois ambos cabem um número inteiro de vezes (cinco vezes) na unidade de comprimento adotada e, assim, sua medida é um número racional. Enquanto a hipotenusa e a unidade de comprimento, ou ainda, com relação a cada cateto, são grandezas incomensuráveis*, pois a medida da hipotenusa não cabe um número inteiro de vezes na unidade de comprimento e, assim, sua medida é um número irracional.

Segundo Lima (1973, p. 4), "coube a Pitágoras e seus discípulos descobrirem o primeiro exemplo de um par de segmentos incomensuráveis", isto é, segmentos de reta cujas medidas não se exprimem um número inteiro de vezes na mesma unidade.

Lima (1973) ainda diz que:

> *Esta descoberta foi um dos maiores sucessos matemáticos da escola Pitagórica. O exemplo de Pitágoras é bastante simples: se tomarmos o lado de um quadrado como segmento unitário, a diagonal desse quadrado não pode ter comprimento racional. Pitágoras e seus discípulos descobriram que nenhum segmento de reta, que esteja contido um número inteiro de vezes no lado do quadrado, pode estar também contido um número inteiro de vezes na diagonal do quadrado. Euclides anunciava este fato assim: o lado e a diagonal de um quadrado são grandezas incomensuráveis.*

Gomes (2006, p.5) em sua pesquisa observou que:

> *As grandezas e os números que expressam suas medidas são classificados segundo a existência ou não de uma medida comum entre a grandeza a ser medida e a grandeza adotada como unidade. No primeiro caso, obtêm-se os números comensuráveis ou racionais e, no segundo caso, os números incomensuráveis ou irracionais. A ênfase conferida à ligação entre número e medida de grandezas pode ser observada na preferência dos autores pelos adjetivos "comensurável" e "incomensurável" em relação aos qualificativos "racional" e "irracional", que são os adotados atualmente.*

---

**Comensuráveis:** grandezas que se exprimem na mesma unidade ou ainda, dois números reais dizem-se comensuráveis se a razão entre eles for um número racional. No Capítulo 7 deste livro esse conceito é apresentado em detalhes.

**incomensuráveis*:** no capítulo 7 deste livro apresenta-se este conceito em detalhes.

**Pitágoras de Samos:** foi um filósofo e matemático grego que viveu entre 570 a.C. e 571 a.C. e morreu entre 496 a.C. ou 497 a.C.

ATIVIDADE 3: EXPLORANDO A GRANDEZA ÁREA NAS PEÇAS DO TANGRAM

Sabe-se que a área de uma figura plana é a medida da região delimitada pela figura. Mede-se a área de uma figura contando o número de quadrados unitários que podem preencher completamente a figura. Construir e calcular as áreas das peças de um Tangram pode ser uma atividade motivadora para os alunos que, depois de construído, poderão procurar resolver os desafios da formação das mais diversas figuras com as sete peças.

**Tangram:** é um quebra-cabeça chinês formado por sete peças com as quais podemos formar várias figuras, utilizando todas elas sem sobrepô-las. Dizem que é possível montar mais de 1.700 figuras com as sete peças.

A construção de um Tangram está na divisão de um quadrado em sete partes e cada uma delas é uma peça do Tangram. As sete peças são dois triângulos isósceles retângulos grandes, um triângulo isósceles retângulo médio, dois triângulos isósceles retângulos pequenos, um quadrado e um paralelogramo.

O uso do GeoGebra pode facilitar na construção do Tangram e também na verificação das áreas das peças seguindo os passos abaixo.

a) Em um novo arquivo do GeoGebra, deixar visível apenas a janela geométrica e construir um quadrado utilizando a ferramenta de polígono regular.

d) Dividir o quadrado em 16 quadrados menores iguais. Para isso, utilizar as ferramentas "Ponto Médio" e "Retas Perpendiculares" ou "Retas Paralelas". Marcar alguns pontos de intersecção como mostra a figura a seguir.

a) Com a ferramenta "Polígono" construir as peças do Tangram como mostra a figura anterior.

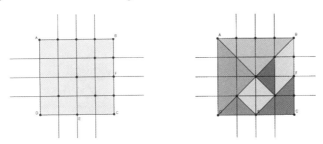

b) Se cada quadrado menor é a unidade de medida da área, qual é a área do quadrado inicial e de cada polígono interior. Quais dos polígonos podem ter a mesma área? Qual a proporção entre as medidas das áreas?

c) Como sugestão, os quadrados podem ser construídos com unidades de medida diferentes e solicitar-se aos alunos que façam uma conversão de medidas para comparar as medidas de áreas obtidas.

d) Colorir cada polígono interior com cores diferentes, imprimir, colar sobre um cartão, cortar os polígonos e construir figuras com as sete peças como, por exemplo, iguais às que seguem abaixo. Bom divertimento!

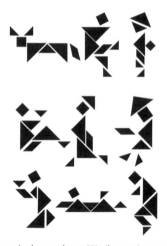

*Fonte: 4 Pilares. Disponível em: <http://4pilares.zi-yu.com/?page_id=385>.*

e) Desafio! Utilizar as isometrias (rotação, translação, reflexão) para obter, no GeoGebra, a partir do Tangram inicial, uma das figuras anteriores. Como exemplo, verificar as isometrias utilizadas na figura a seguir.

Essa é uma atividade que pode ser inserida no bloco Espaço e Forma!

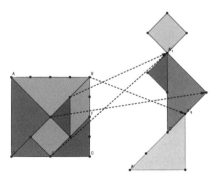

ATIVIDADE 4: EXPLORANDO A GRANDEZA ÁREA DE POLÍGONOS QUAISQUER

Os PCN (1998, p. 51 e 52) afirmam que:

*As atividades em que as noções de grandezas e medidas são exploradas proporcionam melhor compreensão de conceitos relativos ao espaço e às formas. São contextos muito ricos para o trabalho com os significados dos números e das operações, da ideia de proporcionalidade e um campo fértil para uma abordagem histórica.*

*Além disso, os conteúdos referentes a grandezas e medidas proporcionarão contextos para analisar a interdependência entre grandezas e expressá-las algebricamente.*

a) Subdividindo a área em polígonos.

Segundo Lima (1973, p.18) "para um polígono qualquer, o processo para calcular sua área consiste em subdividi-lo em triângulos, paralelogramos ou quaisquer outras figuras cujas áreas" sabe-se calcular. A área do polígono será a soma das medidas das áreas das figuras que o decompuseram e, de modo geral, para algumas figuras planas a área pode ser determinada se forem conhecidos seus valores aproximados por falta ou excesso.

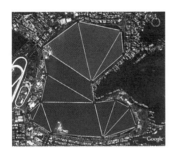

*Figura da área aproximada da Lagoa Rodrigo de Freitas (RJ) decomposta em outros polígonos.*

b) Aplicando a fórmula de Pick.

Em 1899, o matemático tcheco Georg Alexander Pick publicou uma fórmula simples e interessante para calcular a área de um polígono cujos vértices são pontos de uma malha (pontos com coordenadas inteiras). A fórmula de Pick afirma que:

*a área de um polígono cujos vértices são pontos de uma malha é dada pela expressão: $B/2 + I - 1$, em que B é o número* *de pontos da malha situados sobre os lados do polígono e I é o número de pontos da malha existentes no interior do polígono.*

A figura a seguir tem nove pontos da malha sobre os lados do polígono e dois pontos da malha em seu interior. Assim, a área do polígono ABCDEF = 5,5 (unidades de área).

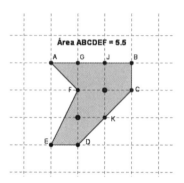

*Figura adaptada de Lima (1997).*

Como no exemplo apresentado aqui, explorar a fórmula de Pick, construindo, na janela geométrica do GeoGebra, alguns polígonos, e comparar a área obtida com a fórmula de Pick com a obtida pela ferramenta Área do GeoGebra pode ser uma atividade motivadora para os alunos.

ATIVIDADE 5: INVESTIGANDO CONJECTURAS

O software de geometria dinâmica GeoGebra possibilita, por meio dos movimentos de alguns dos pontos das figuras, a elaboração de conjecturas como nos exemplos a seguir.

a) Construir, no GeoGebra, um triângulo retângulo com lados medindo 3, 4 e 5 cm respectivamente e um quadrado em cada um de seus três lados. Comparar a área do quadrado maior com a soma das áreas dos dois quadrados menores. Qual resultado algébrico conhecido pode ser verificado nessa construção?

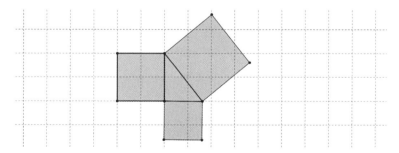

b) Construir um triângulo e as três medianas. Compare a área dos seis pequenos triângulos que as medianas formam. Fazer uma conjectura e tentar justificá-la.

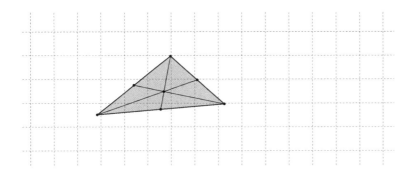

c) Construir um paralelogramo e um ponto em seu interior. Unir esse ponto com cada vértice obtendo quatro triângulos e medir a área de cada um. Movimente o ponto interior para verificar qual a posição de modo que as áreas sejam iguais. É possível ter mais de uma posição do ponto interior para que isso aconteça?

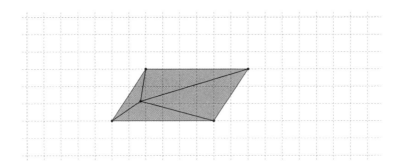

d) O triângulo equilátero é o polígono regular de três lados. Seus ângulos internos são iguais a 60°, pois a soma dos ângulos internos de um triângulo é igual a 180° e 180° / 3 = 60°. O quadrado é o polígono regular de quatro lados, com ângulos internos iguais a 90°. Veja na figura a seguir que o quadrado é formado por dois triângulos; cada triângulo tem a soma dos ângulos igual a 180°, portanto, a soma dos ângulos internos do quadrado é igual a 360°. Segue que cada ângulo interno do quadrado mede 360° / 4 = 90° (adaptada de: ABAR; BARBOSA, 2010).

Qual a medida de cada ângulo interno do pentágono regular? E do hexágono? E do octógono regular?

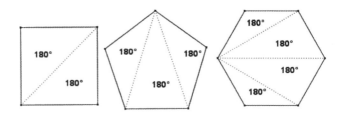

### 4.5 PARA FINALIZAR

Este capítulo apresentou propostas para a exploração de grandezas e medidas bidimensionais. As orientações dos PCN enfatizam a importância deste conteúdo para as futuras possíveis profissões dos alunos e para sua formação de modo geral.

No próximo capítulo serão trabalhadas algumas medidas de grandezas tridimensionais. A exploração das medidas de grandezas é base fundamental para se desenvolver a exploração de dados como será visto nos capítulos sobre "Tratamento da informação".

### 4.6 REFERÊNCIAS BIBLIOGRÁFICAS

ABAR, Celina, A. A. P.; BARBOSA, Lisbete. M. *Matemática dinâmica*. Conteúdos do curso de extensão a distância criado pelas autoras e oferecido pela Cogeae da PUC/SP, 2010.

BRASIL, Ministério da Educação, Secretaria de Educação Média e Tecnológica. *Parâmetros curriculares nacionais* (PCN). Brasília: Ministério da Educação, 1998. Disponível em: <http://portal.mec.gov.br/seb/arquivos/pdf/matematica.pdf>. Acessado em 13 ago. 2011.

FREITAS, Regina Santana Alaminus. Do conhecimento (matemático) primeiro: grandezas e medidas no centro das atenções. 2009. 150f. Dissertação (Mestrado) – Faculdade de Educação, Universidade de São Paulo, São Paulo, 2009. Disponível em: <http://www.teses.usp.br/teses/disponiveis/48/48134/tde-02092009-160046/publico/ReginaSantanaAlaminosdeFreitas.pdf >. Acessado em 13 ago. 2011.

GOMES Maria Laura Magalhães. Os Números Racionais em Três Momentos da História da Matemática Escolar Brasileira. Bolema: Mathematics Education Bulletin  Bolema: *Boletim de Educação Matemática*, v.. 19, n. 25, 2006. Disponível em:

<http://www.periodicos.rc.biblioteca.unesp.br/index.php/bolema/article/download/1878/1655 >. Acessado em 13 ago. 2011.

LIMA, Elon Lages. ***Áreas e volumes***. Rio de janeiro: Ao Livro Técnico, 1973.

LIMA, Elon Lages. *Meu professor de matemática e outras histórias*. Rio de Janeiro: Sociedade Brasileira de Matemática, 1997.

---

**NOTA DAS AUTORAS PARA O PROFESSOR:**

Neste capítulo procuramos abarcar alguns dos seguintes tópicos do bloco Grandezas e Medidas, segundo os PCN(Brasil,1998):

- diferentes grandezas como comprimento, superfície, ângulo, tempo, temperatura, velocidade e unidades de memória da informática, como bytes, megabytes e gigabytes;
- equivalências entre unidades de medida;
- conceito e cálculo de perímetro de polígonos;
- medidas de superfície e de equivalência de figuras planas;
- conceito e cálculo de área de figuras planas simples;
- área do paralelogramo, do trapézio e do losango;
- área de figuras planas;
- semelhanças entre polígonos;
- semelhanças entre triângulos.
- sistema de coordenadas cartesianas;
- Teorema de Pitágoras.

# 5

# Explorando grandezas e medidas tridimensionais

*Pirâmides de Gizé – Egito**

*As três pirâmides de Gizé foram construídas no Egito Antigo há, aproximadamente, 4500 anos. Localizam-se na cidade de Gizé, próxima ao Cairo, capital do Egito. A maior das pirâmides tem 147 metros de altura e é conhecida como a "Grande Pirâmide".

## 5.1 INTRODUÇÃO

No capítulo anterior foram exploradas algumas grandezas cujas medidas envolvem uma ou duas dimensões, principalmente a grandeza área de uma superfície. Neste capítulo as grandezas exigem três dimensões para que seja possível calcular suas medidas, que é o caso das grandezas massa, volume e capacidade.

## 5.2 O QUE DIZEM OS PCN E AS PESQUISAS?

Na vida real, encontram-se muitos problemas de massa, volume e capacidade como nas compras do dia a dia, quando se costuma comparar os volumes e os preços dos produtos de diferentes itens para decidir pela melhor compra ou conhecer a capacidade do tanque de combustível do carro para saber quanto se pagará por um tanque cheio de combustível.

Nos dias atuais, em que alguns carros possuem sistemas que permitem o uso de combustíveis diferentes, é fundamental conhecer a capacidade de cada reservatório para analisar a economia que se pode ter com as alterações de preço que ocorrem frequentemente.

Muitas profissões requerem familiaridade com a grandeza volume, como a de engenheiro, para calcular o volume e peso de partes de uma ponte; de químicos, biólogos e físicos, que precisam ser cuidadosos ao medir o volume em suas pesquisas; um chefe de cozinha precisa medir o correto volume de cada ingrediente para fazer um bolo; um enfermeiro precisa identificar a correta dosagem ou volume de um remédio para um paciente etc. Em cada caso, instrumentos de medida são utilizados para se obter a correta medida e dosagem.

Segundo os PCNs (1998, p.31),

> *O estudo detalhado das grandes questões do Meio Ambiente – poluição, desmatamento, limites para uso dos recursos naturais, sustentabilidade, desperdício, camada de ozônio – pressupõe que o aluno tenha construído determinados conceitos matemáticos (áreas, volumes, proporcionalidade etc.) e procedimentos (coleta, organização, interpretação de dados estatísticos, formulação de hipóteses, realização de cálculos, modelização, prática da argumentação etc.).*

Para a prova Brasil, há dois descritores propostos para verificar as habilidades dos alunos com relação ao bloco Grandezas e Medidas e, desse modo, o professor pode propor atividades direcionadas ao desenvolvimento dessas habilidades.

*D14 – Resolver problema envolvendo noções de volume. Para verificar a habilidade de o aluno calcular o volume ou a capacidade de sólidos geométricos simples (paralelogramos e cilindros, principalmente).*

*D15 – Resolver problema envolvendo relações entre diferentes unidades de medida. Para verificar a habilidade de o aluno resolver problemas com transformações de unidades de comprimento (m, cm, mm e km), área ($m^2$, $km^2$ e ha), volume e capacidade ($m^3$, $cm^3$, $mm^3$, l e ml).*

## 5.3 UM ENTENDIMENTO SOBRE GRANDEZAS E MEDIDAS TRIDIMENSIONAIS

No capítulo anterior sobre grandezas e medidas, está presente o que se entende por "grandeza" e por "medida" e também sobre a importância do conhecimento das técnicas e procedimentos para se medir grandeza quando *se deve compará-la a uma unidade de medida já definida*. Conhecer os instrumentos de medida para grandezas tridimensionais é de vital importância para o exercício de muitas profissões, como colocado no início deste capítulo.

## 5.4 DA TEORIA À PRÁTICA: PROPOSTAS DE ATIVIDADES

As observações dos PCN (1998) orientam para explorar a utilização de instrumentos adequados para medir grandezas e, desse modo, segue uma proposta nessa linha de encaminhamento.

ATIVIDADE 1: RECONHECIMENTO DE INSTRUMENTOS DE MEDIDA DE GRANDEZAS TRIDIMENSIONAIS

A proposta desta atividade é apresentar aos alunos vários instrumentos de medida de grandezas tridimensionais ou imagens deles, como a seguir, e questioná-los sobre seus nomes, qual a grandeza que está sendo medida e, se possível, a respectiva unidade de medida. Fica a critério do professor escolher os instrumentos de acordo com sua classe, mas incentivar grupos de alunos a pesquisar sobre esses instrumentos e promover um jogo de adivinhações entre os grupos configura-se como uma atividade criativa e motivadora.

Quais grandezas medem, respectivamente, os instrumentos a seguir? É possível determinar a unidade de medida de cada um?

*Pesos*  *Balança*  *Balança Digital*

*Jarra*  *Caminhão de combustível*

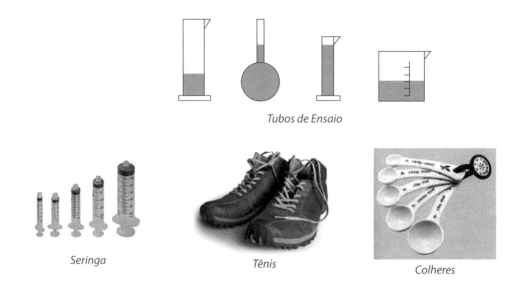

*Tubos de Ensaio*

*Seringa*    *Tênis*    *Colheres*

ATIVIDADE 2: EXPLORANDO AS GRANDEZAS TRIDIMENSIONAIS

Intuitivamente, pode-se entender como volume de um sólido a quantidade de espaço por ele ocupada. Como medir esse espaço? Em primeiro lugar, temos de comparar a medida desse espaço com a unidade de medida e o resultado da comparação será a medida desse espaço, ou seja, quantas vezes o espaço contém a unidade de medida adotada.

Os instrumentos de medida ajudam na determinação da medida de algumas grandezas, porém podem não ser práticos quando as grandezas forem muito grandes ou muito pequenas.

1) Em muitas situações tem-se de estimar o tamanho de um espaço para que possa conter um determinado volume. Desse modo há necessidade de métodos indiretos para se calcular as medidas, tanto de grandes volumes quanto de pequenos, tanto os concretos como os abstratos.

    a) Trabalhar situações nas quais não se calcula diretamente o volume, apresentando modelos de espaços, e solicitar aos alunos que conjecturem com relação ao comportamento em cada situação despertam conhecimentos anteriormente adquiridos e a habilidade de antecipar resultados. Na atividade a seguir a figura mostra três reservatórios* com a mesma capacidade e a mesma altura. Supõe-se que em cada um desses reservatórios haja uma torneira enchendo-os com uma mesma vazão de água constante.

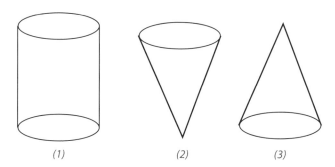

Sabe-se que a altura da água nos três reservatórios aumenta à medida que transcorre o tempo; entretanto há diferenças significativas em relação ao aumento mais rápido ou mais lento do nível de água, conforme o tipo de reservatório. Analisar a forma de cada um dos reservatórios e descrever, em cada caso, o comportamento do nível da água no decorrer do tempo.

*Reservatórios em forma de cilindro (1) e cones (2) e (3).

b) Esta atividade*, traz um octaedro regular apoiado num dos vértices, de modo que uma diagonal espacial fique na vertical. Supondo que o octaedro seja completado com água, à medida que se vai enchendo, definem-se polígonos na superfície da água.

*Adaptada da Revista da Associação de Professores de Matemática de Portugal, Educação e Matemática, n. 110, 2010.

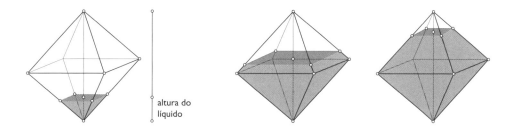

Analisar e conjecturar, em função da altura da água, as seguintes situações:

1. O perímetro dos polígonos definidos na superfície do líquido.
2. A área dos polígonos definidos na superfície do líquido.
3. O volume do líquido no octaedro.

Dos gráficos a seguir, qual deles melhor representa cada uma da três situações acima? Explicar como obteve a solução.

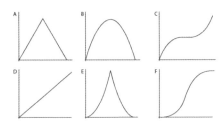

2) Explorando grandezas e medidas com material concreto.

A manipulação de materiais concretos para explorar algumas grandezas são atividades que recuperam conhecimentos já adquiridos como, por exemplo, propostas de construções de caixas nos mais variados formados. Recuperando as planificações trabalhadas no bloco Espaço e Forma de paralelepípedos, solicitar aos alunos a construção de duas caixas de mesma altura a partir de duas folhas, uma quadrada e outra retangular e, por meio da manipulação concreta, conjecturar qual delas pode permitir a construção de um modelo com maior volume de acordo com os passos de construção a seguir (adaptada de: ZENHAS; MENINO, 2006).

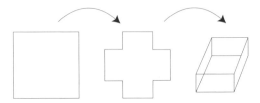

Essa atividade permite várias possibilidades de exploração com a manipulação das medidas de área das folhas e das medidas e dimensões das caixas e assim poder completar uma tabela com três colunas com as respectivas medidas de cada caixa construída.

3) O Princípio de Cavalieri

Nas considerações anteriores foram desenvolvidas algumas ideias para se trabalhar com volumes de um sólido com o princípio de que o volume contém um "número de vezes" uma unidade de medida adotada. Em muitos casos, considera-se essa unidade o volume de um cubo de aresta unitária e calcula-se o volume de poliedros retangulares.

Lima (1973, p. 41) define os poliedros retangulares formados pela reunião de um número finito de blocos retangulares justa-

> Francesco Bonaventura Cavalieri: (1598-1647) matemático italiano de Milão que foi estudante de Galileu. Em 1635 estabeleceu o princípio que recebeu seu nome "Princípio de Cavalieri".

postos e para calcular seu volume basta somar os volumes dos blocos retangulares que o constituem.

Uma observação importante é que, de maneira análoga, pode-se definir a área de uma figura plana considerando o quadrado cujo lado mede uma unidade de comprimento.

Do ponto de vista prático, essas considerações são quase impossíveis de serem utilizadas para calcular diretamente o volume dos sólidos. Desse modo, em 1635, o matemático Cavalieri apresentou um resultado de suas pesquisas que possibilita o cálculo de outros sólidos e, em linhas gerais, diz que "se dois sólidos, quando seccionados por um mesmo plano horizontal, resultem em figuras planas de mesma área, então, eles têm o mesmo volume". Esse princípio simplificou o cálculo de áreas e volumes de figuras geométricas.

*Figura disponível em: <http://caraipora.tripod.com/cavprin.htm>. Acessado em fev. 2011.*

4) Explorando o volume da esfera pelo Princípio de Cavalieri.

Considera-se um plano horizontal tangente a uma esfera e cuja base de um cilindro está apoiada nesse plano. Consideram-se também dois cones cujas bases são as mesmas do cilindro e suas alturas medem a metade da altura do cilindro, e o vértice comum dos dois cones situa-se no centro de simetria do cilindro. Utilizando-se o princípio de Cavalieri, pode-se verificar que o volume da esfera é a diferença entre o volume do cilindro e a soma dos volumes dos dois cones, como pode-se verificar na figura a seguir. Essas observações permitem que se considere o princípio de Cavalieri aceitável, mas ele não se constitui em demonstração formal.

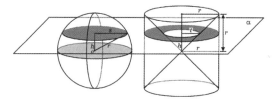

*Figura disponível em: <http://i493.photobucket.com/albums/rr294/kkilhian/ Blog%20Imagens/PrincipiodeCavalieri_Large.jpg>. Acessado em fev. 2011.*

## 5.5 PARA FINALIZAR

Nos capítulos sobre grandezas e medidas, também é importante propor atividades nas quais a medida de muitas grandezas necessita da combinação das medidas de outras grandezas para ser obtida. Como exemplo, tem-se a medida da grandeza "velocidade" que depende das medidas das grandezas "tempo" e "distância". De maneira análoga pode-se explorar as grandezas "energia elétrica", "densidade demográfica" e outras.

A importância da exploração de grandezas e medidas será consolidada na manipulação de dados que é base para o desenvolvimento do bloco Tratamento da Informação.

## 5.6 REFERÊNCIAS BIBLIOGRÁFICAS

BRASIL, Ministério da Educação, Secretaria de Educação Média e Tecnológica. Parâmetros curriculares nacionais (PCN). Brasília: Ministério da Educação, 1998. Disponível em: <http://portal.mec.gov.br/seb/arquivos/pdf/matematica.pdf>. Acessado em 13/08/2011.

LIMA, Elon Lages. Áreas e volumes. Rio de janeiro: Ao Livro Técnico, 1973.

ZENHAS, Graça; MENINO, António. Desenvolvendo competências no estudo dos volumes e medições. Educação e Matemática, v. 87, 2006.

---

**NOTA DAS AUTORAS PARA O PROFESSOR:**

Neste capítulo procuramos abarcar alguns dos seguintes tópicos do bloco Grandezas e Medidas segundo os PCN(Brasil,1998):

- diferentes grandezas como massa, capacidade, superfície, volume;
- conceito e cálculo de volume de figuras simples;
- volume do cubo, do prisma reto e do bloco retangular
- equivalências entre unidades de medida;
- razão entre a medida do comprimento de uma circunferência e seu diâmetro;
- relações métricas no triângulo retângulo;
- relações trigonométricas nos triângulos;
- relações métricas na circunferência e no círculo.

# 6

# Jogando com os números

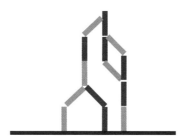

*Figura do jogo Hackenbush.*
*Fonte: Madras College. Disponível em:*
*<http://www.madras.fife.sch.uk/departments/maths/games/hackenbush.html>.*

*Os números são uma livre criação do espírito humano. Eles servem para interpretar – mais facilmente e com mais precisão – a diversidade das coisas.*
Dedekind

*Deus fez os inteiros naturais, o homem fez o resto.*
Kronecker

## 6.1 INTRODUÇÃO

A formação de conceito de número tem sido alvo de atenção de vários pesquisadores da Psicologia Cognitivista por contribuir de modo essencial com a formação do pensamento humano. Por essa razão, há várias formas de abordar o tema. Este capítulo busca trazer algumas contribuições aos professores de Matemática do terceiro e quarto ciclos do Ensino Fundamental para o ensino desse conceito. E, para tal, leva em consideração os objetivos indicados nos Parâmetros Curriculares Nacionais (PCN, 1998) e em resultados de pesquisas.

**Psicologia cognitivista:** área da psicologia que estuda a cognição, os processos mentais que estão por detrás do comportamento. Essa área de investigação cobre diversos domínios, examinando questões sobre memória, atenção, percepção, representação de conhecimento, raciocínio, criatividade e resolução de problemas.

Nos PCN (1998) é destacado que um dos objetivos do ensino da Matemática, para esses níveis de ensino é desenvolver o pensamento numérico. Os parâmetros propõem, como estratégia, a exploração de situações de aprendizagem que levem o aluno a ampliar e construir novos significados para os números naturais, inteiros e racionais e, em especial para o quarto ciclo, reconhecer que existem números que não são racionais. Sugerem, entre outras propostas, que se utilize de contexto social e da análise de alguns problemas históricos que motivaram a construção dos números.

Um estudo sobre a evolução histórica dos números pode ser encontrado em Schön (2006). Nele, é inicialmente destacado que símbolos para representar o número são encontrados nos mais antigos escritos humanos. Mesmo na Idade da Pedra, eles aparecem sob a forma de incisão em ossos ou marcas sobre os muros das grutas. São, portanto, desde sempre, presença na vida do homem, como auxílio para sua sobrevivência, e, em contrapartida, na Matemática, esse conceito, o número, diferentemente do que se pode imaginar, é um dos conceitos mais complicados epistemologicamente. E, se assim é, deve, portanto, merecer a atenção dos professores em seu ensino, principalmente se o alvo é a formação do pensamento numérico. O objetivo, neste capítulo, é contribuir com os professores, trazendo atividades que visam a "ampliar e construir novos significados para os números" (PCN, 1998, p. 64) e, desse modo, se explorará a conceituação de Conway (2001).

> **Epistemologicamente:** do ponto de vista de sua gênese.

Hoje, os estudantes vivem e respiram um ambiente de computadores, calculadoras e jogos, no qual os números assumem funções e características cada vez mais distantes daquelas apresentadas na escola. Nesse contexto, destacam-se os jogos eletrônicos como grandes concorrentes da atenção dos estudantes.

Enfim, é preciso que a escola se aproxime do interesse e modo de pensar dos estudantes de hoje, sem se descuidar da formação necessária ao seu desenvolvimento de um modo geral. A Matemática tem um papel importante no desenvolvimento do pensamento e pode, por meio do uso das novas tecnologias e jogos em seu ensino, ser atraente para os jovens.

> **John Horton Conway:** nasceu em Liverpool, Inglaterra, em 1937. É um matemático ativo na teoria dos grupos finitos, teoria dos nós, teoria dos números, teoria combinatória dos jogos e teoria de códigos. É conhecido pela invenção do Jogo da Vida. Ele desenvolveu análises detalhadas de muitos jogos e quebra-cabeças, tais como o Cubo soma. Inventou um novo sistema de numeração, os números surreais, que são intimamente relacionados com alguns jogos. Os números surreais foram o tema de um romance matemático de Donald Knuth.

As atividades sobre a conceituação de número apresentadas neste capítulo podem interessar aos estudantes, e corroboram de forma complementar com a atividades clássicas do ensino dos números para construir a noção abstrata desse conceito.

Trata-se da abordagem apresentada pelo matemático inglês John Conway(1999). Essa conceituação é muito nova, surgiu na década de 1970. Para informações sobre essa abordagem, consultar Fonseca (2005; 2010). O interessante dessa conceituação para o Ensino Fundamental está na associação: jogo com número. Para Conway (1999), o número é um jogo.

Outra vantagem está no fato de o jogo ser outro modelo para os números, além daquele advindo das grandezas e suas medidas, das contas bancárias (déficit e superávit) etc.

A tarefa de adaptar conteúdos matemáticos escolares ao mundo da tecnologia, assim como de capacitar os estudantes para as aplicações desses conteúdos ao seu cotidiano, deve ser realizada em conjunto com sua valorização histórica, ao papel que desempenha na construção dos conhecimentos e, consequentemente, na evolução da sociedade.

A seguir tem-se o jogo, exemplos de números associados a jogos e atividades para os alunos encontrarem os números correspondentes a um determinado jogo.

## 6.2 O JOGO DE CONWAY

O jogo que Conway (1999) utiliza em sua conceituação de número tem as seguintes especificidades:

a) Deve ser jogado por dois jogadores apenas.

b) Há sempre um vencedor (não é possível o empate).

c) Deve ser finalizado após um número finito de jogadas.

Um jogo conhecido, com essas características, é o jogo NIM que tem sido explorado no ensino da Matemática, como por exemplo, no trabalho de Cassiano (2009). O jogo de Hackenbush apresentado neste capítulo é derivado do NIM.

## 6.3 O JOGO HACKENBUSH

Uma configuração desse jogo é tal que se tenha peças de duas cores diferentes conectadas a uma linha horizontal. Seguem configurações de 4 jogos:

REGRAS DO JOGO:

1ª) O jogador A só poder retirar peças pretas e o jogador B cinzas. Uma peça só pode ser retirada se estiver conectada à linha horizontal, diretamente, ou por meio de outra peça.

2ª) Os jogadores jogam alternadamente. As peças que são desconectadas da linha horizontal durante as jogadas são anuladas automaticamente. Perde o jogo o jogador que, em primeiro lugar, ficar sem peças para retirar.

3ª) Só é válida uma jogada ótima, isto é, uma jogada que leve o jogador que está na vez ao sucesso, ou em outras palavras que leve seu oponente ao fracasso.

Exemplo: Qual a jogada ótima do jogador A, quando começa jogar e, idem, do jogador B, na configuração (d).

Se A começa jogando, ele teria as seguintes possibilidades:

i) Retirar a peça preta que está em contato direto com a linha, o que implica inutilizar, automaticamente, as peças que estão sobrepostas a ela. Nesse caso, A será o vencedor, visto que não sobrará nenhuma peça para B retirar.

ii) Retirar a peça preta mais distante da linha, o jogador B terá uma oportunidade de jogada que é retirar a única peça cinza, e, sobra uma peça preta para o jogador A retirar e vencer o jogo.

Ou seja, quando o jogador A iniciar o jogo ele tem duas opções de jogada. A jogada ótima é aquela em que ele retira a peça preta mais próxima da linha horizontal (i), pois nesse caso o jogador B fica sem peças para retirar e perde imediatamente o jogo.

Para o jogador B não há jogada ótima, pois ele só tem uma alternativa que é retirar a única peça cinza existente e, assim procedendo, o jogador A vencerá o jogo, pois a peça preta mais distante da linha ficará fora do jogo após a retirada da peça cinza, pois está desconectada da linha horizontal, sobrando então a peça preta conectada à linha para o jogador A retirar e vencer o jogo. Aliás, na configuração (d) A vence em qualquer hipótese.

## 6.4 PROPOSTAS DE ATIVIDADES

Atividade 1: Encontrar as jogadas ótimas, caso existam, para o jogador A iniciando o jogo nos casos a), b) e c)

ASSOCIAÇÃO: JOGO – NÚMERO E JOGO POSITIVO – NÚMERO POSITIVO

Um jogo é considerado positivo se o jogador A (peças de cor

preta) ganhar o jogo independentemente de quem começa a partida. O jogo (d) é um jogo positivo. Na teoria de Conway (2001) esse jogo é associado a um número positivo. E, de modo análogo em caso contrário, um jogo é negativo quando a vantagem é do jogador B (peças cinzas), independentemente de quem começa a jogar. Esse jogo associa-se a um número negativo.

#### Um jogo zero

Um jogo é considerado um jogo zero quando o jogador que inicia a partida perde, isto é, um jogo em que, quem começa perde, é um jogo de valor zero.

Um exemplo primeiro de jogo zero é aquele em que não há peças para serem retiradas. Nesse caso é imediato que quem começar irá perder, pois não há peça para ele retirar. Esse jogo é associado ao número zero.

#### Números inteiros associados a jogos

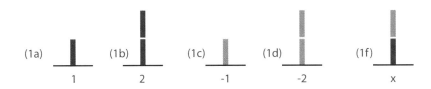

O jogo indicado em (1a) consta de apenas uma peça preta conectada à linha. Nesse jogo, a vantagem é do jogador A. Tal configuração representa o número 1.

O jogo (1b) consta de duas peças de cor preta. Nesse jogo, a vantagem é do jogador A. Tal configuração representa o número 2.

Os jogos indicados em (1c) e (1d) constam de uma ou duas peças de cor cinza a vantagem é do jogador B. Tais configurações representam os números (-1) e (-2):

Se ao colocar na mesma configuração, lado a lado, as peças como em ((1a)=1) e em ((1c) = -1) obtém-se uma configuração de um jogo zero, ou seja, um jogo em que "quem começa perde". Trata-se de uma configuração que representa a adição [ 1+ (-1)].

Atividade 2: Conferir jogando que [ 1+ (-1)] = 0

ATIVIDADE 3: CONFERIR JOGANDO QUE [ 2+ (-2)] = 0.

As configurações (1a) e (1c) são configurações opostas e assim representam números opostos. Da mesma forma, as configurações (1b) e (1d).

Pode-se então perceber que ao se construir um número inteiro associado a uma configuração do jogo Hackenbush obtém-se, como consequência, também o seu oposto. A ideia é que a junção (adição) de tais configurações forme um jogo zero.

ATIVIDADE 4: DESCOBRIR QUAL É O NÚMERO X QUE SE ASSOCIA À CONFIGURAÇÃO DO JOGO INDICADA EM (1f)

Pode-se ver que:

a) Existem jogadas possíveis para os dois jogadores. Confira!

b) Independentemente de quem inicie o jogo, o jogador B perderá. Logo, o jogador A tem vantagem, e, então, trata-se de um número positivo.

c) É um número maior que 0 (porque é positivo) e menor que 1 pois somado com -1 resulta em um número negativo. Confira!

Para descobrir o número x busca-se uma configuração em que o número x esteja ao lado de outra e que resulte em um jogo zero, como na configuração (2c) a seguir:

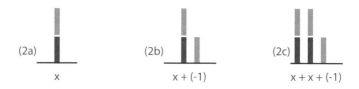

Verificar jogando que a configuração (2c) é de um jogo zero, isto é, um jogo em que quem começa perde. Se (2c) é zero então 2x + (-1) = 0. E, portanto x = 1/2.

ATIVIDADE 5: BUSCAR O JOGO ASSOCIADO AO NÚMERO -1/2

ATIVIDADE 6: CONSTRUIR O NÚMERO 1/4

Considera-se a configuração (3a) e busca-se uma configuração que somado a (3a) resulte zero.

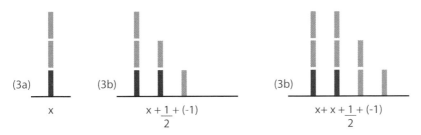

O jogo (3a) é positivo. Por quê? É maior ou menor que $1/2$?

ATIVIDADE 7: CONSTRUIR O NÚMERO 1/8

## 6.5 NÚMEROS COM REPRESENTAÇÃO DECIMAL INFINITA

O matemático Elwin Berlekamp elaborou uma configuração do jogo de Hackenbush que pode ser associada a números irracionais. A regra para a configuração é a seguinte: o número que corresponde ao jogo deve estar na base 2; a vírgula na representação binária é representada por um par de peças, o primeiro par de peças de cores distintas contando-se da linha horizontal para cima; a parte inteira é o número de peças que aparece antes do primeiro par de cores distintas (ou seja antes da vírgula), e a parte não inteira é assim constituída, cada peça de cor preta representa o dígito 1 e a peça de cor cinza o dígito 0. Exemplos:

**Elwyn Ralph Berlekamp:** nasceu em Dover, nos Estados Unidos, em 1940. É professor da Universidade da Califórnia, Berkeley, conhecido por seu trabalho no âmbito da teoria da informação e da teoria combinatória dos jogos. Mais informações em sua página pessoal, disponível em: <http://math.berkeley.edu/~berlek/>.

**Base 2:** uma representação dos números que se utiliza apenas dos dígitos 0 e 1. Exemplos: o número 3 na base 10 é representado por 11 na base 2; o número 0,5 na base dez é representado por 0,1.

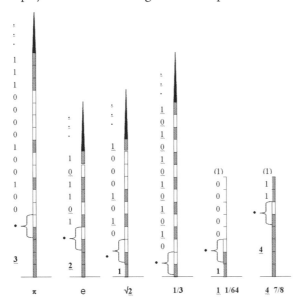

### Discussão dos exemplos

As configurações podem ser infinitas, o que não significa que se quebre uma das regras do jogo Hackenbush de que há um número finito de jogadas para o jogo terminar.

O número racional $\frac{1}{3}$.

A parte inteira é zero: não há peças antes do par de cores diferentes.

A parte não inteira é infinita e periódica. Na base 2 =

$$0,010101... = \frac{1}{2^2} + \frac{1}{2^4} + \frac{1}{2^8} + ... + ... = \frac{\frac{1}{2^4}}{1 - \frac{1}{2^4}} = \frac{1}{3}$$

O número racional $1\frac{1}{64}$.

A parte inteira é 1: número de peças que estão colocadas antes do par de cores diferentes.

A parte não inteira $1/2^6$ na base 2 = 0,000001. Logo, o número associado ao jogo na base 2 é 1, 000001.

O número racional $4\frac{7}{8}$.

A parte inteira é 4: número de peças que estão colocadas antes do par de cores diferentes, 4 na base 2 é 100.

A parte não inteira $\frac{7}{8} = \frac{1}{2} + \frac{1}{2^2} + \frac{1}{2^3} = 0,111$ na base 2. Logo o número associado ao jogo na base 2 é 100, 111.

O número irracional π.

A parte inteira é 3, e na base 2 é 11. E a parte não inteira vai sendo construída passo a passo. Assim o número π é representado por 11, 00100100001111101101...; representação binária infinita e não periódica.

O número *e*, que pode ser representado em notação binária da seguinte forma: 10, 101101... O número √2 em representação binária é 1, 01010001... .

## 6.6 PARA FINALIZAR

A teoria de Conway (2001) possibilita ao professor apresentar um modelo para os números que não se relacione com medidas de grandezas, nem com contagem, nem com operações bancárias como habitualmente. Considerar o número um jogo é libertar o número do encargo de carregar a aplicabilidade da matemática às últimas consequências e torná-lo algo que pode ser um objeto matemático, de acordo com a vontade de alguns filósofos e contrário a outros. Comway pretendeu, com sua teoria, oferecer uma – pode ser outra – resposta à questão: O que é um número? Para ele, número é um jogo. Deve-se discordar dele? Por quê? Essas questões serão exploradas nos próximos dois capítulos.

## 6.7 REFERÊNCIAS BIBLIOGRÁFICAS

BRASIL, Ministério da Educação, Secretaria de Educação Média e Tecnológica. *Parâmetros curriculares nacionais* (PCN). Brasília: Ministério da Educação, 1998. Disponível em: <http://portal.mec.gov.br/seb/arquivos/pdf/matematica.pdf>. Acesso em 13/08/2011.

CASSIANO, Milton. *O jogo NIM*: uma alternativa para reforçar o Algoritmo da divisão no sexto ano do Ensino Fundamental. 2005. Dissertação (Mestrado) – Pontifícia Universidade Católica de São Paulo, São Paulo, 2009. Disponível em: <http://www.pucsp.br/pos/edmat/ma/dissertacao/milton_cassiano.pdf>.

CONWAY, John Horton. *On em umbers and games*. 2. ed. Massachusetts: A.K. Peters, 2001.

CONWAY, John Horton; GUY, Richard Kenneth. *O livro dos números*. Tradução José Sousa Pinto: Lisboa, Gradiva, 1999.

FONSECA, Rogério Ferreira da. *Número*: o conceito a partir de jogos. 2005. Dissertação (Mestrado) – Pontifícia Universidade Católica de São Paulo, São Paulo, 2005. Disponível em: <http://www.pucsp.br/pos/edmat/ma/dissertacao/rogerio_ferreira_fonseca.pdf>.

FONSECA, Rogério Ferreira da. *A complementaridade entre os aspectos intensional e extensional na conceituação de número real proposta por John Horton Conway.*. Tese (Doutorado) – Pontifícia Universidade Católica de São Paulo, São Paulo, 2010 Disponível em: <http://www.pucsp.br/pos/edmat/do/tese/rogerio_ferreira_fonseca.pdf>.

KNUTH, Donald Ervin. *Números surreais*. Tradução Jorge Nuno Silva. Lisboa: Gradiva, 2002.

SCHÖN, Michaela Costa. *Número*: reflexões sobre as conceituações de Russell e Peano. 2006. Dissertação (Mestrado) – Pontifícia Universidade Católica de São Paulo, São Paulo, 2006. Disponível em: <http://www.pucsp.br/pos/edmat/ma/dissertacao/michaela_costa_schon.pdf>.

**NOTA DAS AUTORAS PARA O PROFESSOR:**

Neste capítulo e nos dois próximos pretende-se abarcar conteúdos subjacentes ao bloco Números e Operações segundo os PCN (BRASIL, 1998)

# 7

# Números e representações

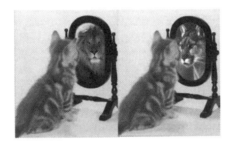

*Quem sou eu?*
Fonte: Yama's blog. Disponível em: <http://helioy.blogspot.com/2009/11/o-mundo-e-um-espelho.html>.

## 7.1 INTRODUÇÃO

Segundo os PCN (1998, p.50 -51)

*o conhecimento sobre os números deve ser construído e assimilado pelo aluno, tanto em um processo em que tais números aparecem como instrumento eficaz para resolver determinados problemas, mas também como objetos de estudo em si mesmos, considerando-se, nesta dimensão, suas propriedades, suas inter-relações e o modo como historicamente foram constituídos.*

É essa a perspectiva deste capítulo tratar o número como objeto de estudo, levando-se em conta as questões relativas às representações semióticas desse conceito. Para isso são apresentadas, inicialmente, informações da teoria de Raymond Duval sobre a representação semiótica de conceitos matemáticos e o papel que elas desempenham na aprendizagem da Matemática.

**Semiótica:** ciência que investiga as linguagens existentes, examinando os fenômenos em seu significado e sentido (SANTAELLA, 1999).

**Raymond Duval:** pesquisador francês.

**Representação semiótica:** é a capacidade que o sujeito tem de gerar imagens mentais de objetos ou ações, e por meio dela chegar à representação (da ação ou do objeto).

Essa teoria toma por referência o fato de que os conceitos matemáticos só são acessíveis por meio de suas representações semióticas e são representados por vários registros, ou seja, além de um conceito matemático não poder ser colhido em um jardim, não ter cheiro e nem cor que o identifique, no espelho ele se reflete em várias imagens.

A diversidade de registros é resultante da história dos conceitos que foi indicando sua necessidade para a resolução dos problemas. Para a aprendizagem, a existência de vários registros para um mesmo conceito e a ausência de congruência entre esses registros são entraves que devem ser levados em conta no ensino. Utilizar os resultados da teoria de representação de Duval para o ensino significa ter em mente que, aprender matemática é, por um lado, efetuar tratamentos no interior de um mesmo registro (efetuar operações, resolver equações etc.), mas, também, transitar de um registro a outro. Para Duval a aprendizagem de um conceito ocorre quando o aluno é capaz de distingui-lo de seus representantes. Agora, há de se concordar que isso não é fácil, dada a abstração dos conceitos matemáticos. Pode-se perguntar o seguinte: o que há de comum entre as representações simbólicas $^1/_2$ e 0,5? Não é nada trivial a resposta a essa questão e, portanto, muito menos trabalhar com elas e ainda conceber os diversos significados da noção de um meio (parte/todo, razão, operador, quociente).

As representações semióticas dos conceitos matemáticos podem ser classificadas em simbólica, figural (gráficas) ou língua natural. E é somente por meio dessas representações que elas têm vida.

O número dois, por exemplo, é representado na língua portuguesa pela palavra "dois", na representação simbólica pelos símbolos 2, ou II, $^{10}/_5$, entre outros, e na representação figural por um desenho constando dois objetos quaisquer.

O número meio é representado pelos símbolos $^1/_2$, 0,5; por uma barra de chocolate dividida em duas partes iguais e considerada uma delas, pela reta graduada indicando-se um ponto, a partir dos pontos zero e o 1 de referência, ou no caso da representação em linha natural, em português, pela palavra "meio".

O número irracional raiz de dois pode ser representado graficamente (na representação figural) pela diagonal do quadrado de lado com medida 1 unidade, pelo símbolo $\sqrt{2}$. E, no registro da língua natural portuguesa, pelas palavras "raiz quadrada de dois".

No ensino de um conceito matemático há, em geral, a predominância do uso de uma das representações. Não são comuns investimentos em atividades direcionadas às mudanças de registros (em ambos os sentidos). Parece mesmo haver uma concepção de que a passagem de um registro a outro é uma ação que o aluno adquire naturalmente, o que de fato não ocorre. É necessário levar o aluno a compreender que um conceito em dois registros diferentes não são dois conceitos diferentes.

## 7.2 DA TEORIA À PRÁTICA: PROPOSTAS DE ATIVIDADES

A atividade que segue exemplifica esses fatos. Ela foi proposta a alunos da 7ª série do Ensino Fundamental, de uma escola de São Paulo, os quais já haviam estudado operações com números racionais nas representações decimais e fracionárias:

Calcular $(0,5)^2$,

Calcular $(1/2)^2$;

Indicar qual das alternativas é a correta:

a) $(0,5)^2 > (1/2)^2$

b) $(0,5)^2 = (1/2)^2$

c) $(0,5)^2 < (1/2)^2$

Em torno de 40% dos alunos não identificaram o número um quarto nas duas representações mesmo tendo acertado o cálculo das potências. Para o pesquisador que aplicou a questão isso parecia indicar que esses alunos não realizavam com facilidade a conversão do registro decimal para fracionário ou vice-versa.

Desse modo, atividades que visem à identificação de números em registros diferentes devem ser propostas.

É frequente encontrar situações que, por deslize ou por simplificação, são tratadas de forma indistinta as duas coisas: número (objeto) e registro de representação (representante). É o caso, por exemplo, de enunciados como: acrescentando-se ou suprimindo-se zeros à direita da parte decimal de um número, esse número não se altera. Quando se diz "parte decimal de um número", na realidade, é a parte decimal do representante do número, e quando se diz "número não se altera", aí sim, trata-se do próprio objeto número, ou seja, do representado. É preciso apenas estar atento ao fato de a distinção ser necessária para a aprendizagem.

Essa distinção entre o objeto e sua representação foi muito reforçada no ensino da Matemática no tempo da Matemática Moderna chegando mesmo a exageros. Pode-se citar como exemplo o caso de se indicar que o resultado da divisão de 8 por 2 resulta em dois zeros ou dois três. Estava-se nesse caso referindo-se à divisão do símbolo 8 (à época denominado numeral do número 8) em duas partes: horizontal (resultando em dois zeros) ou verticalmente (resultando em dois três), como no desenho que segue.

No âmbito da teoria de Duval a necessidade de se distinguir representado de representante está longe de ser anedótica (como no exemplo citado), e tem sustentação em princípios relacionados a uma teoria cognitiva segundo a qual o *aprendiz terá acesso a um conteúdo matemático quando ele não mais o confundir com suas representações*.

Há, ainda, que se considerar nessa teoria a necessidade de se fazer coordenação entre diferentes registros e mudança de um registro a outro, mudança essa denominada por Duval de conversão de registros. A conversão tem sempre dois sentidos considerando-se um registro de partida e outro de chegada. As dificuldades para realizar uma conversão são maiores ou menores, dependendo do sentido. Passar do registro fracionário para o decimal é, em geral, mais fácil que no caso contrário.

A coordenação de representações em um mesmo registro é denominada tratamento. Exemplo: identificar $1/2$ e $2/4$.

As atividades de conversões de registros não devem ser atividades de conhecimento de regras apenas, pois ele não garante, em geral, a identificação de um objeto em representações distintas. Seguem alguns exemplos:

Um aluno faz corretamente a conversão de $1/2$ para 0,5, ou seja, ele faz a operação 1 dividido por 2. Mas, solicitado a estabelecer relação entre eles não considera a igualdade e, portanto, não considera as duas representações distintas como representações de um mesmo número.

Em um outro caso um aluno efetiva a operação $(3/2)^{-2}$ da seguinte forma:

$$\left(\frac{3}{2}\right) = (1,5)^{-2} = \frac{1}{(1,5)^2} = (1,5)^{-2} = \frac{1}{(1,5)^2} = \frac{1}{2,25}$$

Ele realiza corretamente os tratamentos e conversões de registros, mas há indicações que ele fica no domínio das representações, ou das regras (CATTO, 1999).

Duval chama a atenção para um fato importante na aprendizagem, que coordenar registros não é uma ação espontânea e que há necessidade, no ensino, de se colocar o aprendiz em diversas situações em que seja necessária a coordenação de registros. Diz ele que o fenômeno da não congruência dificulta, de forma significativa, a realização de conversão de registros. Isto é, quando a representação de chegada não transparece na representação de partida, como em uma situação de simples codificação. Exemplos: na conversão de $^{25}/_{100}$ para 0,25 há congruência, porém na de $^{25}/_{100}$ para $^{1}/_{4}$ não, e, por essa razão, traz mais dificuldade ao aluno.

Há, ainda, experiência de alunos que se utilizam do registro figural (pizza, torta, ou barra de chocolate) para comparar dois números na representação fracionária. É o exemplo de comparar $^{1}/_{3}$ com $^{1}/_{4}$. Nesse caso, a congruência entre os dois registros (figural e fracionário) facilita a conversão, e a comparação dos números no registro gráfico é mais evidente, por ser visual. (MARANHÃO, C. e IGLIORI, S.2011)

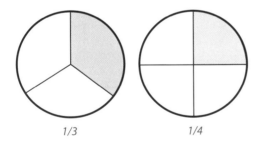

1/3     1/4

## 7.3 O USO DA RETA GRADUADA COMO UM REGISTRO DE REPRESENTAÇÃO DOS NÚMEROS RACIONAIS

Segundo os PCN (1998, p.71) há necessidade da:

*Localização na reta numérica de números racionais e reconhecimento de que esses podem ser expressos na forma fracionária e decimal, estabelecendo relações entre essas representações.*

Na França, os pesquisadores Adjiage e Pluvinage (2000) fundamentados na teoria de Duval propõem o uso da reta graduada como registro de representação dos racionais.

A proposta deles é ir mais além do que é usualmente feito, quando se atribui a ela apenas o papel de ilustração. A ideia foi ampliar as possibilidades de registros de representação dos racionais demonstrando que a reta numerada pode assumir as funções de registro de representação e, portanto, desempenhar um papel conceitual. Os autores partem da premissa que a representação gráfica é bastante eficiente por ser visual, mas que nesse tipo de representação, a da reta numerada, desempenha um papel mais conceitual que a representação das tortas (também útil) que desempenha um papel físico.

Pode-se ver, na Figura A, um exemplo dessa potencialidade da reta numerada, os dois segmentos graduados têm tamanhos diferentes e representam o mesmo número. A igualdade está nas ações de constituição do próprio sistema da reta graduada; no caso, dividir por 4 e considerar 3 das subdivisões.

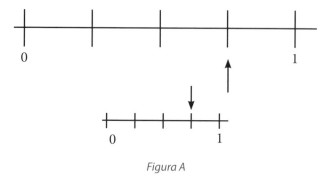

*Figura A*

Um círculo e um segmento numerado como na Figura B foram apresentados a um aluno e dada a seguinte instrução: conte! A reação do aluno foi passar a contar: 1, 2, 3, ... e 4, olhando o círculo. E, frente ao segmento graduado, ele reagiu perguntando: contar o quê?

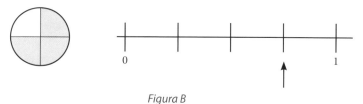

*Figura B*

No caso do círculo a divisão em quatro partes e três dessas partes coloridas fazem surgir os números 3 e 4 que vão compor o número racional $3/4$. No caso do segmento, isso não ocorre, pois a numeração está subjacente, e é menos congruente ao desenho. Essa distanciação entre o desenho e a numeração introduz, ao mesmo tempo, a riqueza e as dificuldades do dispositivo da reta numerada (ADJIAGE; PLUVINAGE, 2000, p.46).

Há várias vantagens no uso desse sistema unidimensional (reta) relativamente ao sistema bidimensional (círculos indicando tortas, pizzas ou barras de chocolate), as quais são exploradas na sequência deste texto.

A reta graduada é um **universo aberto** (para além da unidade) em contraposição ao universo fechado sobre sua unidade no caso da torta.

Considerar uma fração maior que um de uma torta não é muito confortável, pois agregar uma segunda torta não melhora muito, pois de todo modo se trata de "uma fração de torta".

> *O erro – não discriminar segmento desenhado e segmento unidade – é sem dúvida um sinal de transferência abusiva do universo das "partes de tortas" para a reta graduada (ADJIAGE; PLUVINAGE, 2000, p.48).*

A reta graduada é um **universo relativo** e não absoluto como o dos círculos.

Se uma pessoa diz que $1/x$ de seu salário é reservado ao lazer, ela não está querendo dizer que seu salário é x reais e que reserva 1 real para se divertir. E, um sistema de representação que explicite essa ação de um racional sobre uma unidade e que permita a produção de escritas equivalentes é uma necessidade para o ensino.

Pelo exemplo da página anterior, pode-se constatar que os dois sistemas geométricos são úteis para indicar a relatividade do número racional, na medida em que se pode buscar a equivalência em ambos os sistemas. Mas o fato de as partes da torta fecharem-se em um universo unitário e, portanto absoluto, pode muito bem consagrar uma percepção absoluta das quantidades. E a reta graduada parece mais apta a relacionar números e grandezas relativas, pois se situa o número racional entre os inteiros lhes concedendo um estatuto de números.

A reta graduada está inserida em um **universo semiótico** e não em um universo material como o dos círculos (tortas, pizzas, barras de chocolate).

Isso leva à conclusão de que as informações no registro da reta graduada são tratadas por signos e convenções semióticas, e, no caso dos círculos, as interpretações são materiais e, portanto, sujeitas às evidências visuais com pouco significado relativo.

A reta graduada é um universo ordenado ao contrário do universo das tortas.

O fato de assumirmos que há vantagens na utilização da reta graduada não quer dizer que desconsideramos a representação por meio dos círculos parcialmente hachurados. Há mesmo algumas situações como comparar números fracionários com mesmo numerador ou mais especificamente com numerador 1 que a representação com os círculos é eficiente.

### 7.4 PROPOSTAS DE ATIVIDADES

A seguir estão indicadas atividades utilizando as representações figurais dos números racionais com vistas ao conhecimento de funções que os racionais desempenham. As figuras das atividades foram adaptadas de (ADJIAGE; PLUVINAGE, 2000).

Sugere-se que as atividades sejam realizadas em duplas de alunos e que as soluções apresentadas por eles sejam discutidas com a sala toda. Sugere-se também que a discussão com a sala toda seja feita, dispondo-se de figuras compatíveis que podem ser projetadas em uma tela, ou desenhadas na lousa. O importante é levar os alunos à compreensão do que é essencial em cada atividade.

Atividade 1: Considerar a Figura 7.1 a seguir

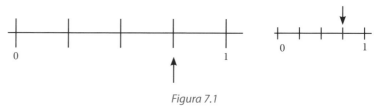

*Figura 7.1*

a) Qual é o número que está representado no segmento colocado à direita?

b) E o número que está indicado no segmento da esquerda?

c) Qual é a relação entre esses dois números?

d) Comente sua reposta para o item c.

Nessa atividade o essencial é fazer o aluno compreender que número e medida não são a mesma coisa, e que, nesse caso, o número racional significa considerar 3 das subdivisões em 4 partes iguais da unidade.

Atividade 2: O número $^4/_5$ foi posicionado por um aluno conforme apresentado na Figura 7.2.

Figura 7.2.

Apresentando na figura 7.2

Esse posicionamento está correto? Explicar sua reposta.

Nessa atividade o essencial é chamar a atenção do aluno sobre a divisão da unidade e não contar aleatoriamente o número de divisões e verificar o posicionamento em relação a ele.

Observar que quando o aluno escreve $^4/_5$ na posição do número $^4/_3$, ele procede com o registro unidimensional da mesma forma que com o registro bidimensional, isto é, dividindo o todo em partes iguais e considerando-se algumas dessas partes, ou seja, no exemplo, dividindo o segmento em 5 partes iguais e considerando 4 delas. O racional é tomado como parte/todo e não como um operador ( $^4/_3$ da unidade).

Atividade 3: Considerar na Figura 7.3 abaixo dois círculos divididos em partes iguais e sombreadas algumas delas.

Pergunta-se:

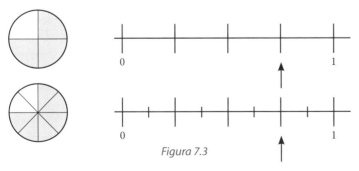

Figura 7.3

a) Que número as partes pintadas do círculo mais ao alto da Figura 7.3 representa?
b) E as partes pintadas do círculo de baixo?

Considerar agora os dois segmentos numerados e responder:

a) Que número representa a posição indicada pela flecha no segmento mais ao alto?

b) E no segmento de baixo?

c) Que relação há entre os dois números encontrados nos itens a e b?

Essa é uma atividade para o professor discutir com os alunos as duas representações e a equivalência de frações $3/_4$ e $6/_8$. Deve-se observar que no caso dos círculos a equivalência de $3/_4$ e $6/_8$ é explicitada por meio de dois números em cada caso (4= número de divisão em partes iguais e 3 o número de partes consideradas; ou 8 e 6). E, no caso da reta, a equivalência é explicitada pelo posicionamento o que favorece uma discussão sobre a origem da coincidência das duas posições. O professor pode então explorar a proporcionalidade: 3 está para 4 assim como 6 está para 8.

ATIVIDADE 4: NA FIGURA 7.4 OS NÚMEROS $3/_5$ E $9/_5$ FORAM POSICIONADOS NA RETA GRADUADA POR TRÊS ALUNOS NOMEADOS POR A, B E C. OS NÚMEROS PINTADOS DE COR CINZA FORAM POSICIONADOS PELO ALUNO A. OS NÚMEROS DE COR CINZA MAIS ESCURO PELO ALUNO B. O NÚMERO $3/_5$ QUE ESTÁ SEM COR FOI POSICIONADO PELO ALUNO C.

a) Avaliar a resposta de cada aluno, dizendo se o posicionamento está correto ou não, e tentar explicar que raciocínio o aluno fez para os posicionamentos.

b) Indicar onde você acha que o aluno C teria posicionado $9/_5$.

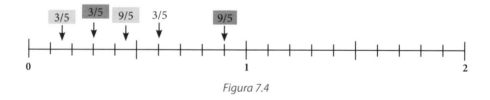

Figura 7.4

O essencial nessa atividade é a análise dos erros. Pode-se perceber que o aluno A (cor cinza) assume $1/_5$ como metade de $1/_{10}$; que o aluno B (cor cinza mais escuro) assume o segmento limitado pelos dois primeiros traços mais destacados como a unidade, ou ainda, ele considera cada subdivisão a partir do zero como uma "5ª parte" e a conta na ordem em que se apresenta. Esse é um procedimento de contagem.

Observar que para posicionar o número de forma correta o aluno precisa: levar em conta as unidades significantes 0, 1, 2; o número de intervalos e não de graduações entre 0 e 1; agrupá-los de 2 em 2 e considerar 3 desses agrupamentos. Ou seja, o aluno precisa ter entendido as convenções semióticas do registro da reta graduada.

ATIVIDADE: 5. NA FIGURA 7.5, A SEGUIR, HÁ DOIS CÍRCULOS E UM SEGMENTO NUMERADO. AS PARTES COLORIDAS DE CADA CÍRCULO E O TRAÇO INDICADO POR UMA FLECHA REPRESENTAM NÚMEROS.

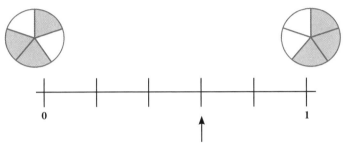

*Figura 7.5*

Escrever:

1. O número representado pelas partes coloridas do círculo mais à esquerda.

2. O número representado pelas partes coloridas do círculo mais à direita.

3. O número representado pelo ponto destacado pela flecha.

4. Comparar os três números que encontrou.

5. Em cada caso o número encontrado é maior ou menor que $^{2}/_{5}$? Explicar sua resposta.

6. Em cada caso o número encontrado é maior ou menor que $^{8}/_{10}$? Explicar sua resposta.

O essencial nessa atividade é a ordem que fica explicitada no registro da reta numerada.

ATIVIDADE 6. CONSIDERAR A FIGURA 7.6 A SEGUIR.

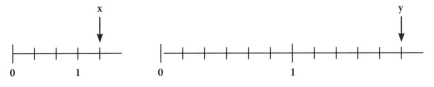

*Figura 7.6*

a) O número x é maior ou menor que 1?

b) E o número y?

c) O número x é maior ou menor que 2?

d) E o número y?

e) O número x é maior ou menor que y?

O essencial nessa atividade é a relação de ordem.

Atividade 7: Considerar a Figura 7.7 abaixo.

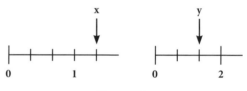

Figura 7.7

a) Qual é o número que x representa?

b) E o número y?

c) x é maior, menor ou igual a y?

O essencial é comparar $^4/_3$ e $^2/_3$ de 2.

Atividade 8: Comparar os dois números representados na reta graduada. O que se pode concluir dessa comparação?

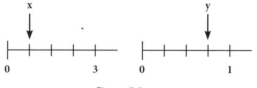

Figura 7.8.

Resolver esse problema consiste em encontrar uma graduação do segmento da esquerda que atinja ao mesmo tempo x e y. Como y está referenciado no intervalo [0,1] é desejável que essa graduação atinja o 1 e, para tanto, que divida o [0,3] em 3 partes iguais mas que continue a dividir o [0,3] em 4 partes iguais. Para dar conta das duas exigências mostrar ao aluno que a graduação desejada é aquela que subdivida o segmento [0,3] em 12 vezes iguais. Resolver o problema partindo do número x. (SILVA, 1999)

Comensurabilidade já mencionada no capítulo 4 sobre Grandezas e Medidas.

Aqui se pode explorar a questão da comensurabilidade dos segmentos [0,x] e [0,y].

## 7.5 COMENSURABILIDADE E INCOMENSURABILIDADE DE GRANDEZAS

A**TIVIDADE**: O**BTER A REPRESENTAÇÃO GRÁFICA DE** $\sqrt{2}$

Essa atividade tem por objetivo falar dos números irracionais e, portanto, discutir a questão da incomensurabilidade de grandezas.

Recomenda-se que, antes de se realizar esta atividade, o professor construa segmentos distintos e mostre a possibilidade da existência de um segmento indicado por u (unidade) de modo que cada segmento seja um múltiplo de u.

O importante é fazer o aluno conferir que o segmento u cabe n vezes em um dos segmentos e n vezes no outro. Fica a cargo do professor a preparação das atividades motivadoras para esta atividade 1. A ideia dessa atividade é mostrar aos alunos que, no caso do lado e da diagonal de um quadrado de lado 1, não se consegue, mesmo que se busque segmentos cada vez menores, encontrar um segmento (a exemplo do que foi feito na Atividade 7 e nas atividades motivadoras), que se possa expressar o lado e a diagonal do quadrado como múltiplos desse segmento. Ou, em outras palavras, lado e diagonal do quadrado não têm uma unidade comum.

A proposta nesta atividade é fazer a demonstração da incomensurabilidade da diagonal do quadrado em relação ao lado, mostrando que a relação entre essas duas grandezas expressa um número irracional o número $\sqrt{2}$. Apesar da demonstração da incomensurabilidade da diagonal com o lado do quadrado ser feita por absurdo, é bem possível fazer os alunos do Ensino Fundamental acompanharem essa demonstração, se forem realizando cada passo da demonstração e ao final de cada passo o professor discutir com eles a solução. Somente após a compreensão de um passo é que se pode passar para o próximo. O tempo dedicado à realização da demonstração pode ultrapassar várias aulas e constituir-se-á um momento de fazer matemática que pode ser bastante rico. Os passos são os seguintes:

1º PASSO: A OBTENÇÃO DO DESENHO DA FIGURA 7.9. ESSA FIGURA PODE SER CONSTRUÍDA NO GEOGEBRA SEGUINDO AS ORIENTAÇÕES DADAS NOS RESPECTIVOS PASSOS.

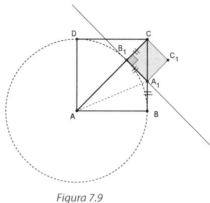

*Figura 7.9*

a) Desenhar um quadrado de vértices A, B, C e D (sentido anti-horário) com lado medindo 1 unidade de medida:

b) Construir a diagonal AC;

c) Obter o ponto $B_1$ de modo que $AB_1 = AB$;

d) Passar por $B_1$ uma perpendicular à reta AC;

e) O ponto $A_1$ é a intersecção da perpendicular indicada no item (d) e o segmento BC;

f) Obter $C_1$ na intersecção de retas perpendiculares por C e por $A_1$.

2º PASSO: ENTENDER AS RELAÇÕES ENTRE OS SEGMENTOS:

a) O triângulo $B_1A_1C$ é retângulo em $B_1$ e o ângulo C mede 45º. Portanto, esse triângulo é isósceles, o que implica em $B_1C = B_1A_1$;

b) Os triângulos $AB_1A_1$ e $ABA_1$ são retângulos e têm um lado comum, o que implica na congruência desses triângulos e na igualdade $B_1A_1 = BA_1$;

c) O segmento $A_1C$ é diagonal do quadradinho $A_1C_1CB_1$ e por essa razão é maior que o lado desse quadradinho;

d) Do item (c) e do fato de $BA_1$ = lado do quadradinho pode-se concluir que o lado do quadrado ABCD é mais que duas vezes maior que o lado do quadradinho $A_1C_1CB_1$.

**Congruentes:** figuras com mesma forma e tamanho.

3º PASSO: CONFIRMAR QUE O LADO DO QUADRADO DE MEDIDA 1 E SUA DIAGONAL NÃO SÃO COMENSURÁVEIS, OU SEJA, NÃO ADMITEM UM SUBMÚLTIPLO COMUM.

As argumentações são as seguintes: admite-se que existe um segmento $u$ e os números naturais m e n (n>m) de tal modo que $AB = m \times u$ e $AC = n \times u$, ou seja, admite-se que o lado e a diagonal do quadrado sejam comensuráveis.

Pois bem: Se assim é, então o segmento $B_1C = (n-m)*u$ e o segmento

$A_1C = [m- (m-n)]*u = (2m-n)*u$.

Pode-se, então, concluir que o lado e a diagonal do quadradinho também têm a unidade $u$ como unidade comum.

Em continuidade, pode-se construir da mesma forma que se fez até agora outro quadradinho partindo do quadrado $A_1C_1CB_1$. E com argumentos semelhantes chegar à conclusão que o lado e a diagonal do novo quadradinho também têm $u$ como unidade comum. Não há nada que impeça de continuar esse procedimento quantas vezes se queira, e obter sucessivamente segmentos que têm o mesmo segmento $u$ como unidade comum. É fácil perceber que isso é um absurdo, pois há uma hora que o lado e a diagonal do quadrado construído deverão ficar menores que a unidade $u$. Esse absurdo só tem uma origem: a suposição inicial de que fosse possível existir o tal segmento $u$.

E, então, os matemáticos concluem que o tal segmento não pode existir e as duas grandezas diagonal ($\sqrt{2}$) e o lado do quadrado são incomensuráveis. Por essa razão, o número $\sqrt{2}$ é considerado irracional.

## 7.6 PARA FINALIZAR

Este capítulo tem por pressuposto o desenvolvimento de atividades complementares durante todo o ano. Atividades que envolvam a abordagem semiótica dos números podem agregar conhecimentos não mensuráveis (sem intenção de fazer trocadilho) a curto espaço de tempo. É intenção das autoras com este capítulo munir os professores com atividades que levem os alunos a vivenciar relações associadas à constituição dos números.

## 7.7 REFERÊNCIAS BIBLIOGRÁFICAS

ADIJIAGE, Robert; PLUVINAGE, François. Une registre géommétrique unidimensionnel pour l'expression des rationnels. Recherches em didactique des mathématiques. La Pensée Sauvages. v. 20/01, p. 41-87, 2000.

CATTO, Glória Garrido. Registros de representação e o número racional: uma abordagem em livros didáticos. 1999. Dissertação (Mestrado) – Pontifícia Universidade Católica de São Paulo, São Paulo, 1999. Disponível em: <http://www.pucsp.br/pos/edmat/ma/dissertacao/gloria_catto.pdf>. Acessado em 13/08/2011.

MARANHÃO, C.; IGLIORI, S. Registros de representação e números racionais. In: MACHADO, Silvia Dias Alcântara (org.). Aprendizagem em matemática: registros de representação semiótica. 8. ed. Campinas: Papirus. 2011.

SANTAELLA, L. O que é semiótica. São Paulo: Brasiliense, 1999.

SILVA, Marcelo Cordeiro da. Reta graduada: Um registro de representação dos números racionais. 1999. Dissertação (Mestrado) – Pontifícia Universidade Católica de São Paulo, S, 1999. Disponível em: <http://www.pucsp.br/pos/edmat/mp/dissertacao/marcelo_cordeiro_silva.pdf>.

**NOTA DAS AUTORAS PARA O PROFESSOR:**

Neste capítulo e no próximo pretende-se abarcar conteúdos subjacentes ao bloco Números e Operações segundo os PCN (BRASIL, 1998).

# 8

# Equações e inequações

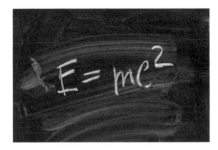

Fonte: Shutterstock. Disponível em:
<http://www.shutterstock.com/cat.mhtml?searchterm=E%3Dmc&x=0&y=0&search_group=&lang=en&search_source=search_form#id=73073410>.

## 8.1 INTRODUÇÃO

Este capítulo é dedicado ao estudo das equações e inequações. Esse tema é, possivelmente, dos mais importantes do ensino fundamental. E por essa razão tem merecido a atenção dos educadores matemáticos sobre abordagens em sala de aula e dificuldades de aprendizagem. A intenção desta proposta é apenas apresentar algumas contribuições que podem ser úteis tanto como apoio para as aulas, como também para reflexões sobre o ensino. São abordadas: a relação resolver problema/encontrar a equação correspondente; a importância de se conhecer imagens que os estudantes têm sobre um determinado conceito matemático; e ao final são sugeridos alguns exercícios. Como nos demais capítulos, há sempre o pressuposto de que qualquer proposta para a sala de aula só faz sentido se forem levados em conta conhecimentos prévios dos alunos; se houver respeito às diferenças de estágio de conhecimento de cada aluno; se forem criadas condições aos alunos de construírem seus próprios conhecimentos; e se a avaliação for um auxiliar da construção do conhecimento pelo aluno.

**Imagem:** o conceito imagem é um termo teórico devido a Tall & Vinner para descrever a totalidade da estrutura cognitiva de um aprendiz associada a um determinado conceito matemático. O conceito imagem é composto de cenários mentais associados que se formam a propriedades e processos do referido conceito matemático.

> *Em uma reflexão sobre o ensino de Matemática é de fundamental importância ao professor: identificar as principais características dessa ciência, de seus métodos (PCN, 1968, p.36)*

... pois é dessa forma que ele pode encontrar os melhores caminhos para o ensino. Em um estudo sobre equações é oportuno conhecer as considerações de um pesquisador francês Rogalski sobre essa noção. Diz ele que: "falar de uma equação não é propriamente falar de um objeto da Matemática como o é uma função, um triângulo, um número. Fala-se de fato da equação quando há uma intenção, da parte de um matemático (aluno, professor, pesquisador...) de resolver certo tipo de problema" (ROGALSKI, 2001, p. 18). É concordando com essa perspectiva que as atividades foram elaboradas, a partir de problemas. A origem histórica dos problemas é um adendo que possibilita abordagens de outros temas, como atualidade dos dados, temas que os enunciados apresentam, a época em que os problemas apareceram etc.

### 8.2 ESCREVENDO EQUAÇÕES PARA RESOLVER PROBLEMAS

A utilização de elementos históricos nas aulas pode motivar o aluno e possibilita ao professor trazer informações sobre a constituição da Matemática.

E segundo os PCN (1998, p.42)

> *A História da Matemática pode oferecer uma importante contribuição ao processo de ensino e aprendizagem dessa área do conhecimento. Ao revelar a Matemática como uma criação humana, ao mostrar necessidades e preocupações de diferentes culturas, em diferentes momentos históricos, ao estabelecer comparações entre os conceitos e processos matemáticos do passado e do presente, o professor cria condições para que o aluno desenvolva atitudes e valores mais favoráveis diante desse conhecimento.*

Assim, é interessante, em um estudo de equações, falar de personagens que contribuíram para sua evolução. É o caso de Diofanto da Alexandria que viveu por volta de 250 d.C. e ficou famoso pela inscrição em sua lápide, escrita provavelmente no século V. Essa inscrição, ou melhor, o epigrama na Antologia grega de Metrodorus é o seguinte:

*Sua juventude durou $1/6$ de sua vida; sua barba surgiu $1/12$ depois, casou-se $1/7$ depois e seu filho nasceu 5 anos depois;*

---

**O Epigrama:** criado na Grécia Clássica, é uma composição poética breve utilizada para expressar um pensamento festivo ou satírico de forma engenhosa, para ser colocada sobre um objeto – uma estátua ou uma tumba, por exemplo. O epigrama citado encontra-se na lápide de Diofanto.

*o filho viveu metade da idade do pai e o pai morreu 4 anos depois do filho. Se x é a idade com que morreu, tem-se $\frac{1}{6}x + \frac{1}{12}x + \frac{1}{7}x + 5 + \frac{x}{2} + 4 = x$. Donde x= 84. (LINTZ, 2007, p.372).*

O epigrama teve a função de estabelecer relação entre Diofanto e as equações algébricas. O lugar de seu nascimento é desconhecido, mas parte dessa relação pode chegar até nós. Ele produziu vários livros, mas infelizmente muitos deles se perderam. Sua obra mais importante é o livro denominado Arithmetica que:

*Excetuando-se o papiro de Ahmes que contém as primeiras sugestões de notação algébrica, e a solução de equações, este seu Arithmetica é o mais antigo tratado de álgebra que sobrevive. Neste trabalho é introduzida a ideia de uma equação algébrica expressa em símbolos algébricos. (CAJORI, 2007, p.89)*

Apesar da maioria dos problemas desse livro ter motivações geométricas, em uma perspectiva grega, a forma de resolvê-los era totalmente diferente da dos gregos. Diofanto dava à solução de seus problemas um tratamento totalmente analítico e divorciado dos métodos geométricos, isto é, ele não utilizava régua e compasso, mas equações algébricas, sem desenho de figuras. É então com Diofanto que praticamente a história das equações algébricas tem início. A apresentação de problemas de Diofanto propicia uma discussão sobre a antiguidade, da preocupação dos homens em resolver equações, e que sempre havia uma dualidade de intenções: a de solucionar problemas para a evolução da própria matemática ou da melhoria das condições de vida. As duas intenções convivem durante toda a história da matemática e desenham um círculo vicioso de qual vem antes de qual. Outro interesse está em chamar a atenção dos alunos de que a Matemática não caiu do céu. Mas ao contrário é obra dos homens. Ela foi sendo construída pouco a pouco e por muitos homens. Conhecer sua história é conhecer a nossa história também.

O primeiro problema do Livro 1 de Diofanto é enunciado assim: "dividir um número em duas partes cuja diferença é dada" (LINTZ, 2007, p. 377). Para os dias de hoje esse problema se reduz a um sistema linear de duas incógnitas. No entanto o professor do Ensino Fundamental pode, a exemplo de Diofanto, propor esse problema para um caso particular. Considera-se 100 como o número dado e 40 como a diferença entre as duas partes.

A resolução do problema é feita pela resolução de uma equação algébrica, considerando-se x uma das partes a outra então será 40 + x. A equação solução é: 2x + 40 = 100.

Todo o Livro I trata de sistemas lineares de duas incógnitas representando problemas com dificuldades crescentes, não apropriados para o Ensino Fundamental.

No livro II da *Arithmetica* aparecem equações do 2º grau. O problema mais famoso desse livro é o problema número 8 enunciado assim: "dividir um quadrado em dois outros dois quadrados". Sua solução depende da equação: $x^2 + y^2 = a^2$, com um número inteiro dado.

Diofanto resolve a equação para o caso a=4 e a solução é apresentada em estilo discursivo de sua época o que equivale ao seguinte (LINTZ, 2007, p.379):

$x^2 + y^2 = 4^2$ implica:

$y^2 = 16 - x^2$

Vejamos se existe x tal que

$(2x - 4)^2 = 16 - x^2$ (o artifício $y = 2x - 4$)*

O que fornece

$5x^2 = 16x$.

Escolhendo-se

$x = \dfrac{16}{5}$

e, portanto,

$y^2 = 16 - \left(\dfrac{16}{5}\right)^2 = \dfrac{144}{25} = \left(\dfrac{12}{5}\right)^2$

E assim,

$x = \dfrac{16}{5}$ e $y = \dfrac{12}{5}$ é uma solução possível

As variações do coeficiente de x e do valor de a (conferir artifício) possibilitam a elaboração de diferentes atividades relativas ao problema 8 de Diofanto.

Esse problema é historicamente importante porque o célebre Último Teorema de Fermat resulta da tentativa de Fermat de

---

*Observe que qualquer que seja o úmero inteiro b > 1 a substituição y = bx - 4 leva a uma solução particular do problema. E que a equação pode ser resolvida de forma semelhante para um valor qualquer de a. Basta para isso fazer y = bx – a.

**Último Teorema de Fermat:** o enunciado desse teorema é: "Não existem soluções inteiras para a equação $x^n + y^n$, se n > 2"

**Andrew Wiles:** é um matemático britânico que nasceu em Cambridge em 11 de abril de 1953. Atualmente, é professor da Universidade de Princeton, no Estados Unidos. Ele demonstrou em colaboração com Richard Lawrence Taylor o Último Teorema de Fermat, em 1994. Esse teorema ocupou a atenção de muitos matemáticos durante mais de 300 anos.

buscar soluções para formas generalizadas da equação $x^2 + y^2 = z^2$. Além disso, há o fato pitoresco de Fermat ter deixado escrito, ao lado do problema 8, que ele sabia demonstrar o teorema, mas que, por falta de espaço, não iria escrever tal demonstração. Se Fermat blefou ou não nunca se saberá, mas o trabalho que a demonstração desse teorema deu para gerações de matemáticos por mais de três séculos, isso, todos sabemos. Foi Andrew Willes, matemático inglês, quem deu a última palavra sobre a veracidade do que Fermat enunciou em seu Último Teorema. E de fato um pedacinho de papel não seria suficiente para registrar a demonstração. Willes precisou de mais de 200 páginas.

Uma forma interessante de fazer uso de elementos históricos é quando se introduz uma nova noção matemática. Pode-se discutir com os alunos as diferenciações ou semelhanças com a abordagem de hoje, entre outras coisas. O livro didático francês (BONNEFOND, 1994) tem essa perspectiva quando inicia o estudo das equações com problemas que constam no artigo destinado às Equações da Grande enciclopédia de Diderot e d´Alembert. Os problemas são similares aos que constam em livros didáticos atuais. O enfoque que se quer dar ao apresentar as equações por meio de problemas é aquele segundo o qual aprender a resolver equações algébricas é aprender a perceber a potencialidade que a Matemática tem de transformar linguagem natural em linguagem algébrica, forma poderosa de auxiliar as outras Ciências a enfrentar seus problemas. Essa função da Matemática perpassou o tempo e muitos dos fenômenos naturais puderam ser compreendidos após sua transformação em equação. Para alguns a possibilidade de se transformar um fenômeno em equação matemática é meio caminho andado para conhecê-lo. O trabalho de Newton fornece um bom exemplo desse fato.

A exploração dos problemas da Enciclopédia de d´Alembert possibilita também chamar a atenção dos alunos para a universalidade da linguagem matemática. É relatado por Bonnefond que a compreensão dos enunciados de tais problemas foi facilitada pela equação equivalente. Esse é um bom momento de discutir que tal universalidade não aconteceu desde sempre, mas que foi a duras penas. E que ela é fundamental para a comunicação de resultados e o desenvolvimento da Matemática.

**Grande Enciclopédia (Encyclopédie):** foi uma das primeiras enciclopédias publicadas na França no século XVIII. Foi publicada de 1782 a 1832. É composta de 33 volumes, 71.818 artigos, e 2.885 ilustrações, foi editada por Jena le Rond d´Alembert e Denis Diderot. Nela, pode-se encontrar as ideias do Iluminismo. Apresentava três grandes ramos: memória, razão e imaginação. Três de seus volumes são destinados à Matemática. A Encyclopédie desempenhou um papel importante na atividade intelectual que antecedeu à Revolução Francesa.

**Denis Diderot:** filósofo e escritor francês. Viveu de 1713 a 1784. A edição da Encyclopédie foi sua obra prima, registro do conhecimento que a humanidade havia produzido até sua época. Ele se preocupava com a natureza do homem, a sua condição, os seus problemas morais e o sentido do destino. Diderot é considerado, por muitos, um precursor da filosofia anarquista.

**Jean le Rond d'Alembert:** escritor, filósofo e matemático francês. Viveu de 1717 a 1783. Teve participação importante no desenvolvimento da Mecânica, e na Matemática demonstrou um importante teorema: O Teorema Fundamental da Álgebra. Autor do Discours préliminaire de l'Encyclopédie.

> Isaac Newton: (1642-1717) matemático e físico inglês, é um dos grandes gênios da humanidade. Em 1666, Newton supôs que se g representa a aceleração da gravidade na superfície da Terra, r seu raio, R a distância da Terra à Lua, T o tempo de revolução lunar, e a 1o de equador, então, se a lei é verdadeira tem-se:
> $g = \frac{4\pi}{T^2} \cdot \left(\frac{R}{r}\right)^3 \cdot 180a$
> , enunciando a lei da gravitação.
> (CAJORI, 2007, p.275)

## 8.3 OS PROBLEMAS DA *ENCYCLOPÉDIE* (BONNEFOND, 1994, P. 28):

PROBLEMA 1: UM PROBLEMA SOBRE A PROSPERIDADE.

Um comerciante aumenta seus bens de um terço a cada ano, tirando 100 libras que gasta por ano com sua família; ao final de três anos ele tem seus bens dobrados, pergunta-se: quanto esse comerciante tinha de bem no começo desses três anos?

O objetivo de uma tabela, como a que é apresentada a seguir, é auxiliar a passagem do registro da língua natural para o registro algébrico.

| Em linguagem natural | Algebricamente |
|---|---|
| Um comerciante tem um bem | x |
| Do qual ele gasta 100 libras no 1º ano | x-100 |
| E aumenta o resto de $1/_3$ | ............ x-100 + (x -100)/3 |
| No 2º ano ele gasta | ............ – 100 = ............ |
| Ele aumenta o resto de um terço | ............ + ............ = ............ |
| No 3º ano ele gasta 100 libras | . ............ -. ............ = ............ |
| Ele aumenta o resto de um terço | . ............ +. ............ = . ............ |
| Ao fim de 3 anos ele é duas vezes mais rico do que antes. | ............ = .. ............ |

Problema 1.1 Reescrever a 2ª coluna completando os espaços vazios.

Problema 1.2 Resolver a última equação, verificar e responder o problema.

Resolução em duplas e, ao final, discussão com a sala toda.

PROBLEMA 2. UM PROBLEMA SOBRE A POBREZA.

Uma pessoa desejava distribuir três moedas a certo número de pobres. Ela percebe que lhe faltam oito moedas; assim, dá aos pobres apenas duas moedas, e restam a ela três moedas. Pergunta-se, quanto essa pessoa tem de dinheiro e quantos pobres havia? Uma sugestão para a resolução é seguir o mesmo procedimento do Problema 1.

PROBLEMAS 3 E 4. DOIS PROBLEMAS SIMILARES:

Problema 3. Ricardo possui certa quantia de dinheiro. Ele pretende gastar $2/_3$ em figurinhas e colocar no banco $1/_4$ do total obtido com a revenda de um joguinho eletrônico que ele acha ultrapassado. E sobraram 210 reais. Qual o valor que ele tinha? Quanto ele conseguiu na venda do joguinho? E quanto ele gastou em figurinhas?

| Em linguagem natural | Algebricamente |
|---|---|
| A quantia que o Rafael possui | |
| Quanto pretende gastar | |
| Quanto guarda no banco | |
| Sobra para ele | |
| A equação para encontrar o valor total é | |

Resolver a equação e responder as perguntas do problema.

Problema 4. Vitório tem o mesmo número de irmãos e de irmãs. Ele reparte igualitariamente um pacote de balas com eles. Se Vitório pegar sua parte, cada irmão e cada irmã receberá 12 balas. Mas ele decide deixar sua parte a eles, que, então, recebem 14 balas cada. Vitório tem quantas irmãs? E quantas balas?

PROBLEMAS 5 E 6 – PROBLEMAS DE 2º GRAU

Problema 5. Encontre as dimensões de um jardim retangular cujo comprimento ultrapassa a largura em 2 metros e sua área é 255m².

Problema 6. Eu te darei as moedas que tenho em minha mão, diz um homem a seu sobrinho, se tu adivinhares quantas eu tenho. O quadrado do total de moedas menos quatro resulta em cinco.

As equações quadráticas mais antigas apareceram em papiros egípcios de 1600 a.C. assemelhados ao papiro de Ahmes.

*Fonte: Departamento de educação da Universidade de Lisboa. Disponível em: <http://www.educ.fc.ul.pt/icm/icm2002/icm202/images/Moscow_papyrus.jpg>.*

**Papiro de Ahmes ou Papiro de Rhind:** documento egípicio que data de 1650 a.C., onde estão registrados 85 problemas, sendo um dos mais famosos antigos documentos matemáticos. Encontra-se no Museu Britâncio. Ahmes é o escriba que copiou seu conteúdo de outro papiro mais antigo ainda.

Em uma delas, há um problema enunciado assim: Uma dada superfície de, digamos, 110 unidades de área deverá ser representada na soma de dois quadrados cujos lados estão na razão 1: $^3/_4$. Em linguagem atual, as equações que expressam o problema são:

$$x^2 + y^2 = 100$$
$$\frac{x}{y} = \frac{4}{3}$$

A solução se desenvolve sob o método da falsa posição. Experimente x=1 e y =  e então $x^2 + y^2 = \frac{25}{16}$ e $\sqrt{\frac{25}{16}} = \frac{5}{4}$.

Porém $\sqrt{100} = 10$ e $10 : {}^5/_4 = 8$. O resto da solução que não pode ser resgatada foi sugerido por Cajori (2007, p.41) assim: x= 8 * 1, y= 8 * ³/₄ = 6.

Resolver o problema usando equações do 2º grau. O professor pode ajudar fazendo x=1 e y = ³/₄. É importante discutir que o problema tem duas soluções, mas a solução positiva da equação é que dá a resposta do problema.

1. Inequações do 1º grau

A elaboração deste item teve como respaldo a recomendação feita nos PCN (1998, p.36) que:

*é de fundamental importância ao professor conhecer a história de vida dos alunos, seus conhecimentos informais sobre um dado assunto, suas condições sociológicas, psicológicas e culturais; ter clareza de suas próprias concepções sobre a Matemática, uma vez que a prática em sala de aula, as escolhas pedagógicas, a definição de objetivos e conteúdos de ensino e as formas de avaliação estão intimamente ligadas a essas concepções.*

Tem por alvo incentivar os professores a realizar diagnósticos dos conhecimentos dos alunos sobre uma determinada noção matemática. Esses diagnósticos contribuem com aprimoramento do ensino. É com essa perspectiva que são apresentados neste capítulo alguns dos resultados da pesquisa de Halmaghi(2010) sobre concepções de estudantes universitários, julgados de interesse de leitores deste livro. Isso porque concepções são formadas pouco a pouco e nos diversos níveis de ensino. O conhecimento de concepções de estudantes sobre um conceito matemático pode balizar abordagens de ensino, ou seja, pode contribuir com a organização de atividades de sala de aula.

Na pesquisa de Halmaghi são propostas duas tarefas voltadas para a resolução de cálculos na aprendizagem de inequações. Ou mais profundamente indicar concepções sobre essa noção matemática.

As tarefas propostas nesta atividade são adaptações das mesmas para o Ensino Fundamental. Nas tarefas de Halmaghi as questões são genéricas e os questionamentos são globais. Nesta proposta é considerado um exemplo e a tarefa é subdividida.

Tarefa 1. Mostre qual é o primeiro passo para se começar a resolver a inequação: 3x < 6x + 7 -2? (em duplas e discussão com a classe toda). As possibilidades esperadas são:

passo 1: passar 6x para o termo da esquerda e o número 2 para o termo da direita trocando de sinal.

passo 2: situação contrária ao passo 1: passar a constante 7 para a esquerda e o 3x para a direita trocando o sinal.

Deve-se anotar todos os passos que eles realizaram e depois conduzir a discussão com a classe toda de modo a sistematizar o primeiro passo.

Como no caso da pesquisa de Halmaghi, os dados podem ser classificados tendo por referência duas questões prévias: 1) Se o aluno realizou a tarefa e 2) se sim, o que apresentou.

As demais tarefas devem ser semelhantes à Tarefa 1 e devem ser propostas até a obtenção da solução da inequação.

Na pesquisa de Halmaghi, em um grupo de 43 estudantes, 38% não apresentaram nenhuma proposta; 16% apresentaram uma inequação simples cuja resolução seguiu padrões de resolução de equações e a resposta estava errada; 36% também apresentaram uma inequação simples, a resolução seguiu os axiomas das inequações com solução correta. Apenas 10% apresentaram um exemplo piloto em que a resolução explorava a máxima variação e aspectos relacionados às inequações.

Em uma segunda tarefa, Halmaghi questionava o exemplo apresentado pelo estudante com a intenção de diagnosticar sua percepção sobre a existência de situações diferentes a serem enfrentadas na resolução de uma inequação, isto é, sua percepção de que o exemplo que ele apresentou é um caso particular.

Na adaptação ao Ensino Fundamental, pode-se propor que cada dupla faça modificações no exemplo tratado de modo a chegar a uma solução diferente. E de novo conduzir as discussões como no caso da Tarefa 1.

Para a 2ª tarefa Halmaghi duas outras questões nortearam a continuidade da pesquisa: 1) Quais os temas recorrentes? A compreensão individual de inequação pode ser percebida?

*No sentido de Tall e Vinner.

Para essas questões, as respostas indicaram que 32% não compreendiam o conceito de inequação, incorporada em seus conceitos imagem* de inequação uma equação de 1º grau com duas variáveis; 16% dos alunos possuíam traços de compreensão procedimental, as inequações são percebidas como uma espécie de equação, em que o sinal < substitui o sinal de = ; 6% apresentavam uma compreensão contextual; nesse caso, as inequações descrevem situações da vida real e, então, seus exemplos focam mais contexto que conceito de inequação; 36% têm compreensão procedural das inequações e traços de compreensão relacional; para esses alunos, inequações têm comportamento especiais quando multiplicadas ou divididas por quantidades negativas – o foco é colocado em diferentes representações de inequação, assim como aspectos particulares que separam as equações das inequações. Os axiomas que possibilitam transformar inequações em outras equivalentes foram adequadamente utilizados; e, por fim, 10% têm compreensão relacional de inequação que significa um conceito matemático que precisa ser aprendido em conexão com o reconhecimento de símbolos, compreensão de intervalos e alguns axiomas de preparação apresentam exemplo piloto que incorpora a máxima variação e aspectos relacionados às inequações.

Os resultados das duas fases da pesquisa indicaram que novas abordagens seriam necessárias captarem-se concepções dos alunos. Um dos pontos observados foi que nenhum aluno demonstrou admitir que o conjunto de soluções de uma inequação pudesse ser vazio. Todos os exemplos finalizavam em intervalos. Essa concepção pode ser encontrada em vários alunos. É um ponto importante a ser trabalhado com os alunos, quando se discute a validade de uma solução.

A possibilidade do conjunto solução de uma inequação do 1º grau ser vazio, mereceu atenção especial, e uma tarefa foi proposta com essa finalidade.

Se durante o trabalho com os alunos do ensino fundamental houver alguma indicação dessa concepção pode-se propor a mesma tarefa de Halmaghi, a qual partiu do pressuposto de que se aprende melhor quando se ensina.

Assim sendo, foi proposto a cada estudante que auxiliasse um primo de um curso menos adiantado que havia faltado à aula em que foi ensinado a resolver inequações do 1º grau. O primo havia feito alguns procedimentos e estava confuso. O que disse foi: "Então, eu fiz os seguintes passos: de 1 - 2x > 2*(6 - x) eu trabalhei algebricamente e obtive 1 - 2x > 12 - 2x e finalizei assim 0 > 11. Então, fiquei paralisado. Por favor, ajude-me.

É solicitado ao estudante que responda ao primo, podendo tanto explicar como este deveria analisar o que havia encontrado como dando condições para que passe a compreender como se resolve inequações do 1º grau.

Das respostas dos alunos, 15% não podiam ser antecipadas pela pesquisadora, pois eram apresentados passos sem qualquer exemplo. Como conclusão, foi usada uma metáfora pela pesquisadora dizendo que: "os estudantes pintam diferentes imagens da inequação" (HALMAGHI, 2010, p. 47). E as concepções dos estudantes, se analisadas em detalhes, podem ser classificadas de quatro modos: uma amálgama de imagens e símbolos; estranho parente de uma equação; ferramenta para otimizar contextos; conceito matemático complexo expresso em diferentes registros, simbólico, intervalo, ou gráfico, e pode exercer diferentes funções: comparar, expressar e resolver restrições ou deduzir igualdades.

Os questionamentos finais da pesquisadora merecem reflexões de quem ensina Matemática. Eles podem auxiliar nos diagnósticos de conhecimentos necessários à aprendizagem de conceitos matemáticos, e não só de inequações. São eles: Quais são os erros comuns? Quais são as possíveis fontes das soluções incorretas dos estudantes? Qual o referencial teórico que pode ser usado para analisar raciocínios dos estudantes sobre inequações algébricas? Qual é o papel do professor, do contexto, dos diferentes modos de representação e da tecnologia em promover a compreensão dos estudantes? Essas questões e outras devem fazer parte da agenda dos pesquisadores e professores.

## 2. Sugestões de Exercícios com uso do GeoGebra*

Conforme observam os PCN (1998, p.46)

*Disponível para download em: <http://www.geogebra.org>.

*A visualização e a leitura de informações gráficas em Matemática são aspectos importantes, pois auxiliam a compreensão de conceitos e o desenvolvimento de capacidades de expressão gráficas.*

É bastante frequente o aluno saber efetuar todos os passos para resolver equações ou inequações, mas ter dificuldade de compreender o significado da solução. O uso de aplicativos informáticos educacionais pode ajudar. Pesquisas revelam que os estudantes apresentam mais erros quando resolvem inequações com abordagem algébrica do que com outras abordagens, como o uso de gráficos ou ajuda de reta numerada. (DINDYAL, 2010)

As atividades que se seguem traz algumas situações que podem ser exploradas com uso de gráficos elaborados com o GeoGebra.

### 8.4 EXERCÍCIOS

Exercício 1: Estudo dos dois registros de uma reta por meio do GeoGebra.

A partir do objeto de aprendizagem, sugerido abaixo, fazer o aluno identificar quando duas retas se interceptam e quando não. Pode-se propor questões como:

Obter duas retas cuja intersecção:

a) Esteja no eixo dos y;

b) Esteja no eixo dos x;

c) Esteja fora dos eixos;

d) Não tenham intersecção.

A partir dessas questões, a tarefa seria feita algebricamente e destacado que a solução é a intersecção das duas retas e, que quando elas são paralelas a equação não tem solução.

Uma construção no GeoGebra permite, ao movimentar os seletores, verificar na janela algébrica as equações das retas e as coordenadas do ponto de intersecção em cada caso. A construção pode ser acessada em: <http://www.pucsp.br/tecmem/OAs/duas-retas/duas_retas.html>.

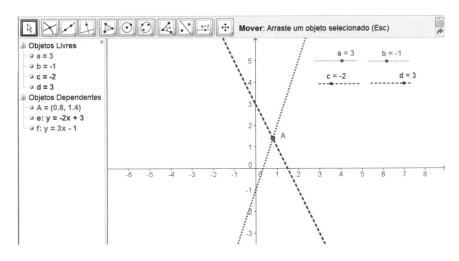

O professor pode explorar a questão da igualdade do coeficiente angular das retas no caso do paralelismo das mesmas.

Exercício 2: A ideia em dar significado geométrico à solução de uma inequação utilizando o GeoGebra pode ser verificada no endereço:

<http://www.pucsp.br/tecmem/OAs/Inequacao/inequality1_0.html>.

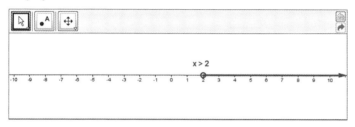

Exercício 3. Escrever duas inequações do 1º grau I1 e I2 e indicar por S1 e S2 seus conjuntos soluções.

a) $S_1 \cap S_2 = \,]1,2[$

b) $S_1 \cap S_2 = S_1$

c) $S_1 \cap S_2 = \{1\}$

d) $S_1 \cap S_2 = \emptyset$

e) $S_1 = \emptyset$

Exercício 4: A partir dos gráficos da parábola e da reta no GeoGebra, escrever equações de 2º graus com:

a) Duas soluções;

b) Uma solução;

c) Nenhuma solução.

A ideia é usar o GeoGebra posicionando reta e a parábola de modo a ter duas intersecções, uma ou nenhuma e explorar essa situação algebricamente, igualando as equações da parábola e da reta (intersecção) e chamando a atenção sobre o resultado no papel e no GeoGebra.

A figura a seguir sugere uma construção desta atividade no GeoGebra. O movimento dos seletores a, b e d possibilita a exploração de cada caso, acima descrito, e obter na janela algébrica as respectivas e possíveis expressões e soluções. Acessar em: <http://www.pucsp.br/tecmem/OAs/parabolaereta/equa_2_grau.html>.

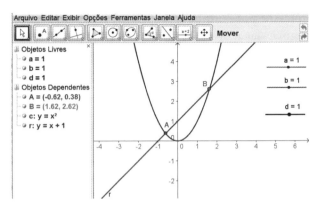

## 8.5 PARA FINALIZAR

A utilização de referências estrangeiras pode dificultar um estudo expandido do que está colocado no capítulo. Mas nesse caso a consulta por meio da internet, pode ajudar. O trabalho foi desenvolvido na perspectiva do livro de colaborar com os professores em suas propostas didáticas e, nesse sentido, se a referência é nacional ou estrangeira deixa de ser importante. O importante é que o que consta no capítulo é suficiente para o entendimento e para cumprir a finalidade de complementar as demais matérias que o professor tem à disposição para seu trabalho.

Os próximos dois capítulos têm com foco o Bloco Tratamento da Informação e é importante observar que o tipo de raciocínio estatístico é diferente do raciocínio matemático. E a educação estatística não se pode restringir a uma visão da estatística simplesmente como um ramo da matemática.

## 8.6 REFERÊNCIAS BIBLIOGRÁFICAS

BONNEFOND, Gérard. Collection Pytagores. Mathématiques. [s.l.]: Hatier, 1994.

BRASIL, Ministério da Educação, Secretaria de Educação Média e Tecnológica. Parâmetros curriculares nacionais (PCN). Brasília: Ministério da Educação, 1998. Disponível em: <http://portal.mec.gov.br/seb/arquivos/pdf/matematica.pdf>. Acessado em 13 ago. 2011

CAJORI, Florian. Uma história da Matemática. Rio de Janeiro: Editora Ciência Moderna Ltda., 2007.

DINDYAL, Jaguthsing. Student's erros in the solution of inequalities at junior college level. Proceedings conference of the international group for the psychology of mathematics education. v. 4. p. 17-24, 2010.

HALMAGHI, Elena. Undergrate students' conceptions of inequalities: sanding the lens. Proceedings conference of the international group for the psychology of mathematics education. v. 3. p. 41-48, 2010.

LINTZ, Rubens Gouvêa. História da Matemática. Coleção Cle. v. 4. 2. ed. revisada. Campinas: Unicamp, 2007.

ROGALSKI, Marc. Carreforus entre Analyse Algébre Géometrie. [s.l.]: Ellipses, 2001.

---

**NOTA DAS AUTORAS PARA O PROFESSOR:**

Nos próximos dois capítulos finais procuramos abarcar conteúdos subjacentes ao bloco Tratamento da Informação segundo os PCN (BRASIL,1998).

# 9

# O tratamento de dados: seu significado e sua organização

*99 Cents II (1999), pelas lentes de Andreas Gursky*

## 9.1 INTRODUÇÃO

Este capítulo e o próximo se concentram na apresentação de propostas que podem ser trabalhadas com base no bloco Tratamento da Informação.

Diversas investigações e estudos indicam algumas habilidades que a educação deve fomentar para que os estudantes possam ter êxito no mudo globalizado em que vivem e, desse modo, programar estratégias educativas que contribuam para o desenvolvimento dessas habilidades são fundamentais para a educação deste século.

Algumas dessas habilidades propostas se enquadram nas de ordem superior que incluem a habilidade de solucionar problemas e a criatividade. Ambas podem estar presentes no desenvolvimento do bloco Tratamento da Informação.

**99 Cents II:** algo como "tudo a 99 centavos" é obra de Andreas Gursky, artista contemporâneo alemão. As primeiras fotos do artista mantinham um formato mais reduzido e sua temática girava em torno da relação do homem com o meio ambiente. Em 1988, surgiram as primeiras reproduções e fotos em grande formato, com até sete metros quadrados, que o tornaram internacionalmente conhecido.

Assim, como nos capítulos anteriores, serão apresentadas, inicialmente, algumas indicações dos Parâmetros Curriculares Nacionais (PCN) sobre o bloco Tratamento da Informação, um breve panorama de algumas pesquisas sobre este tópico e o ensino deste conteúdo do ponto de vista matemático. Estas considerações iniciais e suas relações estarão presentes nas atividades propostas e poderão ser utilizadas e adaptadas pelos professores na sua prática docente.

### 9.2 UM PANORAMA SOBRE O ESTUDO DA ESTATÍSTICA

Segundo Vere-Jones (1995, apud BRANCO; MARTINS, 2002), o tipo de raciocínio estatístico é diferente do raciocínio matemático e a educação estatística não se pode restringir a uma visão da estatística simplesmente como um ramo da matemática.

Branco e Martins (2002, p. 10) argumentam que

> *O tipo de raciocínio matemático, eminentemente um raciocínio lógico, em que as proposições ou são verdadeiras ou falsas, não é compatível com o tipo de raciocínio estatístico, em que tratamos com proposições que não podemos dizer que são verdadeiras nem tão pouco falsas, estando numa situação de incerteza, que pode ser quantificada por meio da probabilidade: Verdadeiro? Incerteza, Falso? Esta situação de incerteza acompanha-nos no nosso dia-a-dia, nas mais variadas situações.*

Os autores observam também que

> *A educação estatística tem uma dimensão diferente das áreas normalmente consideradas como ramos da Matemática como, por exemplo, a Geometria, a Análise e a Álgebra, pelo seu envolvimento direto com o estudo de outras ciências como as ciências médicas e afins, ciências políticas e ciências sociais. É importante ensinar um médico, um sociólogo, um técnico da indústria farmacêutica e todos aqueles que fazem uso da Estatística a utilizá-la corretamente. A utilização incorreta desta ciência pode levar a decisões erradas com consequências negativas, quer para o desenvolvimento das outras ciências, quer para o desenvolvimento da vida do cidadão comum.*

## 9.3 O QUE DIZEM OS PCN E AS PESQUISAS?

A importância atribuída ao tratamento da informação é justificada, nos PCN, pela forte demanda social:

> *É cada vez mais frequente a necessidade de se compreender as informações veiculadas, especialmente pelos meios de comunicação, para tomar decisões e fazer previsões que terão influência não apenas na vida pessoal, como na de toda a comunidade. Estar alfabetizado, neste final de século, supõe saber ler e interpretar dados apresentados de maneira organizada e construir representações para formular e resolver problemas que impliquem o recolhimento de dados e a análise de informações. Essa característica da vida contemporânea traz ao currículo de Matemática uma demanda em abordar elementos da estatística, da combinatória e da probabilidade, desde os ciclos iniciais. (BRASIL, 1997, p. 131, 132.)*

Sobre os conteúdos propostos no bloco Tratamento da Informação, os PCN (1998, p.52) afirmam inicialmente que:

> *A demanda social é que leva a destacar este tema como um bloco de conteúdo, embora pudesse ser incorporado aos anteriores. A finalidade do destaque é evidenciar sua importância, em função de seu uso atual na sociedade.*

Para atender à demanda social mencionada aqui, três conteúdos de estudo são apontados nas indicações dos PCN (1998, p.52) com relação a este bloco: a Estatística, a Probabilidade e a Combinatória, cada um deles com sua respectiva finalidade que serão apresentadas no decorrer do próximo capítulo.

O próprio nome deste bloco traz à tona questões básicas, referentes ao estudo dos três conteúdos propostos, fundamentais para o entendimento de cada um deles:

1. as informações presentes no dia a dia das pessoas apresentam os mais variados tipos de dados; conhecer e saber identificar estes dados pode se configurar como os primeiros passos para se mergulhar no tratamento da informação.
2. a coleta e a organização dos dados é mais um passo para o entendimento de informações e, desse modo, a representação dos dados em tabelas pode se constituir em estímulo para os alunos na construção de hipóteses sobre as relações dos dados obtidos de acordo com as atividades propostas.

**Estatística:** conjunto de métodos usados para analisarem-se dados.

**Teoria da Probabilidade:** surgiu no século XVII, quando dois matemáticos franceses, Blaise Pascal e Pierre de Fermat trocaram correspondência para discutir problemas matemáticos que lidam com jogos de azar.

**Análise combinatória:** nessa análise, busca-se resolver problemas sobre a possibilidade de construir agrupamentos de objetos para satisfazer condições específicas. Os três tipos principais de agrupamentos são o arranjo, a permutação e a combinação.

3. a passagem dos dados representados em uma tabela para uma representação gráfica é mais uma etapa que pode consolidar o entendimento de uma informação.

Campos e Lima (2005, p. 14) salientam que

> *Uma ideia importante, a ser gradualmente construída, é a de que coleta, organização e apresentação de dados conduzem a informações esclarecedoras sobre a questão formulada ou sobre o fenômeno em causa. O aluno deve progressivamente desenvolver a competência de representar os dados apresentados em gráficos, tabelas ou outras formas de apresentação e aprender o significado dos números, pontos e símbolos envolvidos.*

Se a intenção for que os alunos adquiram capacidade da compreensão de informações presentes em tabelas e gráficos, é necessário que os alunos percorram todas as etapas da construção de uma informação: desde a compreensão do significado e tipos de dados, sua coleta e organização até a representação gráfica dos mesmos.

O professor, conhecedor de sua classe, saberá identificar quais desses passos já estão presentes nas habilidades dos alunos e quais atividades poderão ser trabalhadas para um despertar de noções já adquiridas anteriormente e para a introdução de novos conceitos que permitam desenvolver a capacidade do aluno para a compreensão e entendimento de uma informação.

A proposta de atividades, presentes nos dois capítulos sobre o Tratamento da Informação, vai ao encontro da construção gradativa dos conceitos necessários para o entendimento da informação.

A compreensão de uma informação, utilizada pelos alunos em situações reais, se consolida em conhecimento adquirido emergindo a habilidade para solucionar problemas em um mundo globalizado.

### 9.4 O ENTENDIMENTO DE DADOS DE UMA INFORMAÇÃO

A fotografia apresentada no início deste capítulo, manipulada digitalmente por seu autor Andreas Gusrsky, mostra os objetos no fundo aparecerem claramente em primeiro plano e transmite a vasta quantidade de informação que rodeia os clientes em um supermercado. Quais dados sobre o estoque da loja são úteis para você como cliente? Como você descreveria e resumiria isso com gráficos e números?

São questões cuja resposta necessita de uma coleta e análises de dados preliminares no sentido de identificar quais produtos interessam e quais dados sobre esses produtos podem ser obtidos.

Dados, segundo Pinheiro (s/d), são observações documentadas ou resultados da medição e sua disponibilidade permite a obtenção de informações. A autora apresenta a Figura 9.1 abaixo representando as possibilidades de obtenção de dados: pela percepção ou pela execução de um processo de medição.

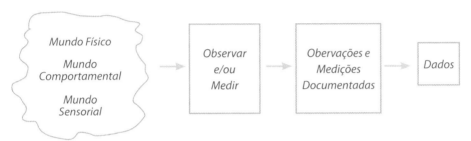

**Figura 9.1** – *Fonte de dados. Fonte: Pinheiro, s/d.*

Nos Capítulos apresentados sobre Grandezas e Medidas, diversos dados poderiam ser obtidos pelos instrumentos de medição apresentados.

Os dados precisam ser coletados, classificados, trabalhados, armazenados e, dependendo da situação, transformados em uma mesma unidade de medida. Os dados podem se apresentar como números, palavras ou imagens, medições e observações, registro que identifica alguma coisa. Para analisar um conjunto de dados é preciso determinar corretamente que tipo de dados está disponível, como estão classificados e armazenados se em papel ou em arquivo eletrônico, por exemplo.

Atividade 1: A exploração de dados

Uma proposta de atividade inicial é dividir os alunos em duplas e solicitar a eles que executem todos os passos necessários, como já observado aqui por Campos e Lima, com relação à coleta, à organização e apresentação de dados para que estes, obtidos em uma determinada situação, possam representar uma informação importante para a resolução de um problema.

O objetivo desta atividade é fazer com que os alunos identifiquem o que pode ser considerado como dados para resolver um problema. A importância da identificação da fonte dos dados, como e onde foram obtidos despertam uma cidadania crítica e observadora que pode ser útil em outros momentos da vida de cada um.

Como exemplo, propor a seguinte situação para duplas de alunos:

Uma escola recebeu da prefeitura dois ônibus escolares com capacidade de 10 lugares cada um. A diretoria da escola precisa selecionar os 20 estudantes que irão utilizar os ônibus, mas para isso precisa de alguns dados dos alunos. Cada classe de 30 alunos deve apresentar as informações para que a diretoria da escola selecione 3 alunos de cada classe. Quais dados as duplas consideram importantes para que a diretora escolha os 20 alunos? Como os dados poderão ser obtidos? Como poderão ser armazenados? Como as propostas poderão ser encaminhadas à direção da escola?

Em uma atividade como a proposta acima, o professor poderá auxiliar seus alunos na elaboração adequada de questionários e no armazenamento dos dados tanto no papel, quanto com o uso do computador. Em cada momento da atividade, "o que registrar" e "como fazer" deve ser objeto de discussão entre o professor e seus alunos.

Após discutir com os alunos e chegar a um consenso sobre quais dados são importantes na situação colocada, a construção de um questionário deverá permitir a obtenção dos dados e os procedimentos para a representação dos dados em tabelas serão as próximas etapas das atividades.

Excel é um sofware que utiliza tabelas para realização de cálculos ou apresentação de dados por meio de planilhas ou gráficos.

Como exemplo, o professor poder utilizar o Excel para inserir os dados da classe como apresentado na Figura 9.2 a seguir. Em seguida, como na Figura 9.3, pode auxiliar os alunos a colocar em ordem crescente de idade de cada estudante e ordem decrescente da distância da casa até a escola. Basta selecionar todos os dados com o mouse e utilizar a ferramenta para classificar dados do Excel, como na Figura 9.4. Com essas ações, verifica-se que os alunos que poderão ser escolhidos desta classe serão os alunos de números 11, 12 e 30.

*Capítulo 9* O tratamento da informação: seu significado e sua importância 141

| ALUNO | NOME | IDADE | DISTÂNCIA km |
|---|---|---|---|
| 1 | ALUNO 1 | 7 | 3 |
| 2 | ALUNO 2 | 10 | 15 |
| 3 | ALUNO 3 | 13 | 21 |
| 4 | ALUNO 4 | 12 | 24 |
| 5 | ALUNO 5 | 11 | 12 |
| 6 | ALUNO 6 | 11 | 17 |
| 7 | ALUNO 7 | 13 | 28 |
| 8 | ALUNO 8 | 10 | 10 |
| 9 | ALUNO 9 | 9 | 22 |
| 10 | ALUNO 10 | 8 | 22 |
| 11 | ALUNO 11 | 7 | 19 |
| 12 | ALUNO 12 | 7 | 17 |
| 13 | ALUNO 13 | 9 | 14 |
| 14 | ALUNO 14 | 8 | 16 |
| 15 | ALUNO 15 | 14 | 16 |
| 16 | ALUNO 16 | 13 | 17 |
| 17 | ALUNO 17 | 8 | 18 |
| 18 | ALUNO 18 | 10 | 21 |
| 19 | ALUNO 19 | 12 | 23 |
| 20 | ALUNO 20 | 13 | 22 |
| 21 | ALUNO 21 | 12 | 18 |
| 22 | ALUNO 22 | 13 | 19 |
| 23 | ALUNO 23 | 11 | 13 |
| 24 | ALUNO 24 | 10 | 12 |
| 25 | ALUNO 25 | 11 | 11 |
| 26 | ALUNO 26 | 12 | 3 |
| 27 | ALUNO27 | 13 | 7 |
| 28 | ALUNO 28 | 9 | 8 |
| 29 | ALUNO 29 | 8 | 4 |
| 30 | ALUNO 30 | 7 | 15 |

**Figura 9.2**

| ALUNO | NOME | IDADE | DISTÂNCIA km |
|---|---|---|---|
| 1 | ALUNO 1 | 7 | 3 |
| 30 | ALUNO 30 | 7 | 15 |
| 12 | ALUNO 12 | 7 | 17 |
| 11 | ALUNO 11 | 7 | 19 |
| 29 | ALUNO 29 | 8 | 4 |
| 14 | ALUNO 14 | 8 | 16 |
| 17 | ALUNO 17 | 8 | 18 |
| 10 | ALUNO 10 | 8 | 22 |
| 28 | ALUNO 28 | 9 | 8 |
| 13 | ALUNO 13 | 9 | 14 |
| 9 | ALUNO 9 | 9 | 22 |
| 8 | ALUNO 8 | 10 | 10 |
| 24 | ALUNO 24 | 10 | 12 |
| 2 | ALUNO 2 | 10 | 15 |
| 18 | ALUNO 18 | 10 | 21 |
| 25 | ALUNO 25 | 11 | 11 |
| 5 | ALUNO 5 | 11 | 12 |
| 23 | ALUNO 23 | 11 | 13 |
| 6 | ALUNO 6 | 11 | 17 |
| 26 | ALUNO 26 | 12 | 3 |
| 21 | ALUNO 21 | 12 | 18 |
| 19 | ALUNO 19 | 12 | 23 |
| 4 | ALUNO 4 | 12 | 24 |
| 27 | ALUNO27 | 13 | 7 |
| 16 | ALUNO 16 | 13 | 17 |
| 22 | ALUNO 22 | 13 | 19 |
| 3 | ALUNO 3 | 13 | 21 |
| 20 | ALUNO 20 | 13 | 22 |
| 7 | ALUNO 7 | 13 | 28 |
| 15 | ALUNO 15 | 14 | 16 |

**Figura 9.3**

**Figura 9.4**

Também trabalhar a cidadania em tais situações é importante como, por exemplo, nas questões do questionário para identificar o que é mais importante na escolha dos 20 alunos: a idade, a distância da casa, as dificuldades de locomoção etc.

Esta atividade pode ser trabalhada em maior ou menor grau de dificuldades e segundo os PCN (1998, p. 52):

*Pinheiro (s/d) aponta para um sistema de classificação de dados utilizados na indústria que se apresentam sob a forma de uma variável contínua, contagem ou classificatória.

> *Evidentemente, o que se pretende não é o desenvolvimento de um trabalho baseado na definição de termos ou de fórmulas envolvendo tais assuntos. Com relação à Estatística, a finalidade é fazer com que o aluno venha a construir procedimentos para coletar, organizar, comunicar dados, utilizando tabelas, gráficos e representações que aparecem frequentemente em seu dia-a-dia.*

### ATIVIDADE 2: A EXPLORAÇÃO DE VARIÁVEIS

Na atividade anterior a *unidade de observação* são os alunos e para cada aluno se tem diversas características como nome, idade, endereço, sexo, etc. Cada uma dessas características pode ser chamada de *variável* podem ser numéricas, de texto ou de datas segundo Pinheiro (s/d).

Uma atividade, como a proposta abaixo e adaptada de Pinheiro (s/d), que explore os tipos de variáveis, pode servir de modelo e permitir a construção de tabelas que melhor representem os dados obtidos pelos alunos.

Solicitar aos alunos que completem a tabela a seguir classificando a característica das variáveis segundo seu entendimento em numéricas, de texto ou de datas.

| VARIÁVEIS | NUMÉRICA (N) TEXTO (T) DATA (D) |
|---|---|
| Número de telefones por domicílio | |
| Número de chamadas de longa distância realizadas por mês | |
| Duração de cada chamada de longa distância | |
| Cor do telefone utilizado com mais frequência | |
| Se existe uma linha conectada ao modem na residência | |
| Quantia gasta com livros | |
| Tempo gasto na livraria por mês | |
| Se for filiado a algum partido político | |

| | |
|---|---|
| Caso seja, a qual partido político é filiado | |
| Satisfação com um determinado produto | |
| Classificação de hotéis | |
| Quantidade de calorias de um produto alimentício | |
| Número de bolhas em uma garrafa de vidro | |
| Tempo médio de espera para ser atendido em um call center | |
| Número de atendentes em um call center | |
| Número de ligações perdidas em um call center | |
| Motivos para ligações perdidas em um call center | |
| Fontes de consumo de água em uma residência | |
| Consumo de água em uma residência | |

Novamente é importante o compartilhamento das respostas entre alunos e professor para se chegar a um consenso.

Atividade 3: A exploração de tabelas

Podemos considerar uma tabela um conjunto de observações e de apresentação de informações advindas dos dados coletados e organizados.

Elementos fundamentais da tabela segundo Milone (2004, p. 25) são o título que identifica o fenômeno; o cabeçalho que explica o conteúdo das colunas; as colunas que detalham o conteúdo das linhas e o corpo que mostra os dados. Na atividade 3.1 têm-se exemplos de tabelas.

Pereira (2009), nos aportes teóricos de sua dissertação de mestrado, recupera as pesquisas de Wainer (1992) com relação aos níveis de compreensão da leitura de tabelas.

Wainer, em suas pesquisas, argumenta que com o aumento da utilização de gráficos para análises de informações e comunicações, as tabelas foram menosprezadas, mas que, no entanto, merecem tanto destaque quanto os gráficos.

Wainer (1992, apud PEREIRA, 2009, p.46) especifica três regras simples para a preparação de tabelas:

Howard Wainer: professor adjunto de estatística da Wharton School da Universidade da Pensilvânia nos Estados Unidos. Publicou 18 livros, é membro da American Statistical Association e foi premiado em 2007 pelas contribuições para Avaliação Educacional.

1. Ordenar linhas e colunas de uma maneira que faça sentido: organizar os dados de modo que esses valores sejam decrescentes. Já se os dados forem sobre tempo, devem ser em ordem cronológica do passado para o futuro.

2. Arredondamento de valores sempre para mais: os seres humanos têm dificuldades em entender e memorizar mais de 2 algarismos, pois não prestamos atenção e porque estatisticamente não são necessários mais do que dois algarismos.

3. Linhas e colunas são importantes: o espaçamento entre linhas e entre colunas facilita a leitura e interpretação dos dados. Favorece a visualização para o que queremos chamar atenção.

Wainer (1992, apud PEREIRA, 2009, p.46) também apresenta três níveis de compreensão tabular, isto é, de leitura e interpretação de tabelas:

1. Nível elementar ou básico: perguntas relacionadas unicamente com a extração de dados diretamente na tabela.

2. Nível intermediário: perguntas relacionadas com a avaliação de tendências baseando-se em uma parte dos dados.

3. Nível superior ou avançado: perguntas sobre a estrutura profunda dos dados apresentados em sua totalidade, usualmente comparando tendências e vendo agrupamentos.

Como exemplo de atividade na exploração dos níveis de compreensão tabular, a atividade proposta por Pereira (2009, p.84) apresenta uma tabela simples abordando os três níveis de leitura e interpretação de dados propostos por Wainer (1992).

**Atividade 1:**
Os principais campeões paulistas de futebol até 2008 e o número de títulos que cada um ganhou estão na tabela abaixo. Observe - a com atenção e responda:

| Time | Número de títulos |
|---|---|
| Corinthians | 25 |
| Palmeiras | 22 |
| Portuguesa | 3 |
| Santos | 17 |
| São Caetano | 1 |
| São Paulo | 20 |

a) Qual o time que foi **menos** vezes campeão paulista? _____

b) Considerando os títulos ganhos pelo Santos, Portuguesa e São Paulo, esses somam mais que 50% de todos os títulos juntos? _____

c) Quantos títulos o Santos precisa ganhar (mínimo necessário) para ultrapassar o número de títulos do Palmeiras? _____

d1) Podemos afirmar que daqui a 5 anos o São Paulo empatará em número de títulos ao Corinthians? ( ) SIM   ( ) NÃO

d2) Por quê? _____
_____

O professor pode propor outras atividades que explorem os níveis de compreensão tabular apresentados por Wainer (1992) ou consultar outras atividades no trabalho de Pereira (2009).

## 9.5 A EXPLORAÇÃO DE GRÁFICOS

Uma representação gráfica é uma figura elaborada como objetivo de transmitir alguma informação e veicular de modo compacto e, até certo ponto simples, a representação do comportamento de uma função ou dados estatísticos.

Na matemática, a representação gráfica de uma função é de extrema importância, pois representa um tipo de registro fundamental para a aprendizagem de conteúdos Matemáticos, como observado no Capítulo 8.

Por meio de um gráfico, podemos verificar a variação de uma grandeza (por exemplo, espaço) em função de outra (por exemplo, tempo), ou seja, verificar como varia a velocidade.

Muitos gráficos utilizam um sistema de coordenadas cartesianas* ortogonais para a construção de um gráfico no qual as grandezas são representadas em uma escala adequada em cada eixo.

Não podem ficar ausentes de uma representação gráfica seu título e legenda, o tipo de dados que estão sendo representados e símbolos que possam identificar os diferentes dados. Um gráfico deve permitir a visualização e interpretação de dados não só exclusivamente de conteúdos matemáticos, como também acerca de temas de aspectos naturais, sociais e econômicos.

Como exemplo de representação gráfica, será desenvolvido, neste item, um tipo de gráfico denominado "Box Plot" e traduzido, por alguns, por "Gráfico de Caixas". Outros tipos de gráficos serão trabalhados no próximo capítulo.

Algumas características referentes aos dados estatísticos são importantes e serão exploradas, pois segundo os PCN (1998) permitem *calcular algumas medidas estatísticas como média, mediana e moda com o objetivo de fornecer novos elementos para interpretar dados estatísticos*.

### Explorando o gráfico "Box Plot" no GeoGebra

Essa atividade, adaptada de Murdock, Kamischke e Kamischke (2004, p. 78) propõe a identificação, a partir de uma lista numérica de dados, da média, moda e mediana, três itens estatísticos que permitem entender melhor um conjunto de dados.

---

*A ideia de representar por meio de números, pontos ou lugares, objetos, cidades, astros, endereços, caminhos, rotas de aviões e navios faz parte do dia a dia de todos nós e é bem antiga. Esses números são definidos por sistemas de coordenadas específicos para cada caso e são chamados de coordenadas. Há vários tipos de sistemas de coordenadas: astronômicas, geográficas, cartesianas etc.

Legenda: em um gráfico, a legenda contém os símbolos utilizados e sua descrição.

*Uma milha equivale a 1.609 quilômetros (km).*

Considera-se a lista abaixo que representa a distância em milhas da casa de 30 alunos até a escola:

3, 4, 4, 4, 6, 7, 7, 7, 7, 7, 8, 8, 9, 9, 9, 9, 9, 10, 10, 10, 10, 10, 10, 13, 15, 15, 16, 17, 20, 33.

A média, 10,2 milhas, é determinada pela divisão da soma de todos os valores, 306 milhas, dividida pelo número de valores, 30.

A mediana, 9 milhas, é o valor médio depois que os dados estão ordenados. No exemplo acima, como há um número par de valores, a mediana é a média dos dois valores centrais. No caso (9 + 9)/2.

A moda, 10 milhas, é o valor mais frequente que ocorre.

Esses três valores citados aqui, comumente usados, são denominados de medidas de tendência central.

Em algumas situações, apenas o valor da média não reflete a variação dos dados. É interessante que a descrição de um conjunto de dados contenha, além das medidas de tendência central, outras medidas para uma melhor interpretação estatística.

**Extremos:** maior e menor valores apresentados nos dados.

**Quartis:** divisão dos dados ordenados em quatro conjuntos com a mesma quantidade de dados.

O gráfico estatístico Box Plot, embora pouco utilizado, permite, em alguns casos, uma análise mais fiel dos dados apresentados, pois cria um diagrama de extremos e quartis utilizando a lista de dados.

**GeoGebra:** disponível em: <http://www.geogebra.org>. Em capítulos anteriores são apresentadas algumas orientações sobre sua utilização.

Utilizando o software GeoGebra é bastante simples sua construção. Para o exemplo de dados, apresentados acima basta digitar no campo de Entrada do GeoGebra:

BoxPlot[0, 1 {3, 4, 4, 4, 6, 7, 7, 7, 7, 7, 8, 8, 9, 9, 9, 9, 9, 10, 10, 10, 10, 10, 10, 13, 15, 15, 16, 17, 20, 33}]

e é obtido, na janela geométrica, o gráfico da figura a seguir.

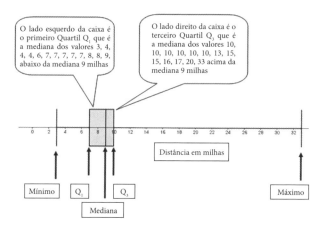

Segundo Gouveia (2010):

*Para construir um boxplot são necessários alguns poucos dados: Primeiro Quartil, Mediana (ou Segundo Quartil), o Terceiro Quartil e o Intervalo Interquartil. Os quartis são estatísticas que dividem os seus dados ordenados em quatro conjuntos com a mesma quantidade de dados. Por exemplo, no conjunto 4; 4; 4; 6; 6; 7; 8; 8; 8; 9; 9; 13; 16 temos 13 valores. A mediana é o valor que divide os dados no centro e é o número 8 que está na 7ª posição. São seis valores antes dele e seis valores depois. O Primeiro Quartil (Q1) divide no centro os seis primeiros valores, e o Terceiro Quartil (Q3) divide no meio os seis últimos valores. Dessa forma, Q1 está entre o número 4 e o número 6; já Q3 está entre as duas repetições do número 9. Portanto, Q1 é 5 – a média entre 4 e 6 – e Q3 é 9 – a média entre 9 e 9. Já o Intervalo Interquartil (IIQ) é a diferença entre Q3 e Q1 ou seja, 9 – 5 = 4.*

No GeoGebra também é possível construir um Box Plot inserindo no campo de Entrada os valores Mínimo; Quartil 1; Mediana; Quartil 3 e Máximo. No caso do exemplo utilizado no início desse capítulo, digitar BoxPlot[0, 1, 3, 7, 9, 10, 33] para obter o mesmo Box Plot acima.

No GeoGebra, os dois primeiros valores 0 e 1 indicam, respectivamente a posição vertical do Box Plot (y-deslocamento) e a altura do Box Plot (y-escala). No exemplo trabalhado, ao digitar BoxPlot[2, 1, 3, 7, 9, 10, 33], obtem-se o gráfico com deslocamento 2 em relação ao eixo y e com altura de 1cm (unidade utilizada no GeoGebra), como segue abaixo:

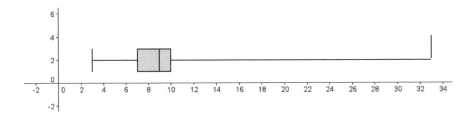

Estes deslocamentos e escalas são importantes, pois o Box Plot é bastante eficaz para comparar dois ou mais conjuntos de dados. Por exemplo, nos dois Box Plot abaixo, construídos no GeoGebra na mesma janela geométrica e com os devidos deslocamentos, pode-se perceber que os dados do Box Plot 2 tendem a ser maiores que os do Box Plot1 por ter maior mediana.

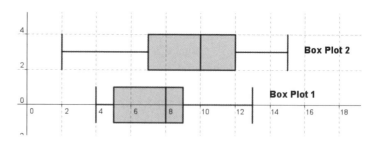

Para obter os gráficos acima digitar no campo de Entrada do GeoGebra:

BoxPlot[0, 1, 4, 5, 8, 9, 13] para obter o Box Plot 1 e tecle "Enter";

BoxPlot[2, 1, 2, 7, 10,12, 15] para obter o Box Plot 2 e tecle "Enter".

Outras análises poderão ser feitas, mas inseridas em algum contexto no qual os dados foram extraídos para que as comparações tenham significado.

Esses indicadores estatísticos, ou estatísticas descritivas, são úteis quando o objetivo é comparar, por exemplo, as notas de duas turmas, ou o desempenho dos alunos em um período escolar ou até para classificar os alunos dentro da sua turma.

## 9.6 TRANSFORMANDO OS DADOS EM INFORMAÇÃO E CONHECIMENTO

Chagas (2010), em sua pesquisa, recomenda que o professor desenvolva com seus alunos as habilidades de leitura e construção de tabelas e gráficos considerando a relevância social dos dados informados e com a diversidade nas formas de transmissão da informação.

A informação pode ser considerada o resultado do processamento, manipulação e organização de dados, de tal forma que represente uma modificação no conhecimento das pessoas que a recebem.

Ao explorar tabelas e gráficos com as especificidades particulares de cada um e suas relações, o indivíduo não só adquire a habilidade de compreender a informação que tem em mãos, como também, a capacidade de utilizá-la quando for necessário. É na utilização de uma informação que o conhecimento se consolida.

O letramento estatístico, segundo Gal (2002), é a competência das pessoas para interpretar e avaliar de maneira crítica uma informação estatística presentes nos dados por meio de tabelas ou gráficos.

Mendoza e Swif (1989) observam que as pessoas podem interpretar uma informação de formas diferentes e chegar também a diferentes conclusões, o que demonstra a importância de ensinar aos alunos a examinar os pressupostos subjacentes a conjuntos de dados estatísticos, antes de interpretarem os resultados. Os autores sugerem atividades como juntar recortes de jornais que falam, de maneira diferente, do mesmo assunto para que os alunos aprendam a destacar tais pressupostos subjacentes às diferentes conclusões apresentadas. Os autores argumentam:

Iddo Gal: é professor titular do Departamento de Serviços Humanos da Universidade de Haifa em Israel.

Lionel Pereira-Mendoza e Jim Swift: Este artigo faz parte do livro Teaching statistics and probability, editado por A. Shultz e J. Smaret. NCTM, 1981.

> *Se pretendermos que os nossos alunos interpretem e usem os dados estatísticos apresentados pela televisão, rádio, jornais e revistas, é essencial desenvolver, neles, competências que lhes permitam questionar e interpretar a informação. Estas ideias, contudo, não requerem conhecimentos matemáticos muito profundos e, portanto, o desenvolvimento dessas competências pode começar, muito cedo, na vida escolar da criança. (MENDOZA; SWIF, 1989, p.18)*

## 9.7 PARA FINALIZAR

Neste capítulo foram apresentados conteúdos que são alicerces fundamentais para um entendimento melhor sobre os itens que os PCN sugerem para exploração no bloco Espaço e Forma. O capítulo seguinte, sobre Tratamento da Informação, dará continuidade às recomendações de pesquisas sobre as habilidades e competências que podem ser desenvolvidas pelos alunos na construção e análise de outros tipos de gráficos.

## 9.8 REFERÊNCIAS BIBLIOGRÁFICAS

BRANCO, João; MARTINS, Maria Eugênia Graça. Literácia Estatística. *Revista Educação e Matemática*, n. 69, p. 9-13, 2002.

BRASIL, Ministério de Educação, Secretaria de Educação Média e Tecnológica. *Parâmetros curriculares nacionais* (PCN). Brasília:

Ministério da Educação, 1997. Disponível em: <http://portal.mec.gov.br/seb/arquivos/pdf/matematica.pdf>. Acessado em abr. 2011.

BRASIL, Ministério de Educação, Secretaria de Educação Média e Tecnológica. *Parâmetros curriculares nacionais* (PCN). Brasília: Ministério da Educação, 1998. Disponível em: <http://portal.mec.gov.br/seb/arquivos/pdf/matematica.pdf>. Acessado em abr. 2011.

CAMPOS, Marcilia Andrade; LIMA, Paulo Figueiredo. *Introdução ao tratamento da informação nos ensinos fundamental e médio*. 2005. Disponível em: <http://www.sbmac.org.br/boletim/pdf_2005/16_23ago05.pdf >. Acessado em abr. 2011.

CHAGAS, Rebeca Meirelles das. Estatística para alunos do 6º. Ano do ensino fundamental: um estudo dos conceitos mobilizados na resolução de problemas. 2002. Dissertação (Mestrado) – Pontifícia Universidade Católica de São Paulo, São Paulo, 2010. Disponível em: <http://www.pucsp.br/pos/edmat/ma/dissertacao/rebeca_meirelles_chagas.pdf>. Acessado em abr. 2011.

GAL, Iddo. Adult's statistical literacy: meanings, components, responsibilities. *International Statistical Review*, v. 70, n.1, p. 1-25, 2002.

GOUVEIA Arthur. Interpretação e análise de um Box Plot. 2010. Disponível em: <http://blog.arthurgouveia.com.br/2010/09/interpretacao-e-analise-de-um-boxplot/>. Acessado em: abr. 2011.

MENDOZA Lionel Pereira e SWIFT Jim. Por que ensinar estatística e probabilidades. Revista Educação e Matemática, n.9, 1989.

MILONE Giuseppe. *Estatística geral e aplicada*. São Paulo: Thomson Learning, 2004.

MURDOCK, Jerald; KAMISCHKE, Ellen; KAMISCHKE, Eric. *Discovering advanced algebra and investigative approach*. Emeryville (CA): Key Curriculum Press, 2004

PEREIRA, Silvana. *A leitura e interpretação de tabelas e gráficos para alunos do 6º ano do ensino fundamental*: uma intervenção de ensino. Dissertação (Mestrado) – Pontifícia Universidade Católica de São Paulo, São Paulo, 2009. Disponível em: <http://www.pucsp.br/pos/edmat/mp/dissertacao/silvana_pereira.pdf>.

PINHEIRO, Hildete Prisco. *O Que São Dados?* (s/d). Disponível em: <http://www.ime.unicamp.br/~hildete/dados.pdf>. Acessado em: abr. 2011.

VERE-JONES, David. The coming of age of statistical education. *International Statistical Review*, v. 63, n. 1, p. 3-23, 1995.

## NOTA DAS AUTORAS PARA O PROFESSOR:

Nesse capítulo e no próximo, procuramos abarcar conteúdos subjacentes ao bloco Tratamento da Informação segundo os PCN (BRASIL, 1998):

- conceito de espaço amostral;
- obtenção das medidas de tendência central de uma pesquisa (média, moda e mediana);
- significado da média aritmética como um indicador da tendência de uma pesquisa;
- aproximação de análise combinatória;
- gráficos de colunas, de setores, histogramas e polígonos de frequência;
- frequência e frequência relativa;
- estimativas de probabilidades.

# 10
# O tratamento da informação: seu significado e sua importância

*Símbolo da Estatística (PARÁBOLA; SOMATÓRIA; INTEGRAL).*
*Fonte: Brasil Escola. Disponível em:*
*<http://www.brasilescola.com/matematica/estatistica-1.htm>.*

## 10.1 INTRODUÇÃO

No capítulo anterior, foi evidenciada a importância da compreensão e do entendimento sobre dados e tabelas nas atividades propostas aos alunos e sobre a utilidade do gráfico Box Plot explorado no software GeoGebra.

Neste capítulo, a importância das representações gráficas estará presente e poderá servir de orientações para as atividades que o professor pretende desenvolver.

Recuperar um esboço histórico da Estatística também permite uma compreensão mais refinada de sua trajetória como método científico e instrumento de estudo quantitativo, que se utiliza dos recursos da Matemática e pode ser considerada um instrumento de pesquisa e previsão.

> Aúthos Gloi Ischiros Mateo Domingo Pagano: nasceu em Montevidéu, Uruguai, em 21 de setembro de 1909. Em 1936, formou-se em Economia, pela Fundação Álvares Penteado, a mesma instituição onde se tornou professor e, depois, diretor. Na USP, estudou filosofia. Aos 23 anos de idade, defendeu a primeira tese de doutorado em economia do Brasil, "Coeficiente Instantâneo de Mortalidade", que lhe rendeu o título de Doutor Honoris Causa, em Cuba. Seguiu sua carreira na Fundação Álvares Penteado, instituição pela qual publicou a obra "Lições de Estatística", em 1943. Faleceu em 1976, em São Paulo, aos 66 anos.
> Fonte: Associação Paulista dos Amigos da Arte. Disponível em: <http://www.apaacultural.org.br/authospagano/espaco.php>.

Segundo Pagano (1943, p. 13)

> (...) houve três grandes períodos da formação da Estatística, diremos que o primeiro – o da Estatística Administrativa – é o da preparação dos fatos que remonta à Antiguidade e à Idade Média; o segundo – o da preparação das teorias – desenvolveu-se na Alemanha e na Inglaterra, e o terceiro – o do aperfeiçoamento – encontrou campo próprio na França, na Bélgica, na própria Inglaterra, na Escandinávia e nos Estados Unidos.

No Brasil, segundo o autor, houve um desenvolvimento da estatística a partir de 1871 com a Diretoria Geral de Estatística, fundada no Rio de Janeiro que permitiu a criação de outras Repartições de Estatística em outros Estados. Com relação ao ensino da Estatística no Brasil, Pagano (1943, p.20) considera a Fundação Álvares Penteado pioneira no sentido de divulgar, em 1906, os princípios da Metodologia Estatística e suas aplicações à Demografia, à Economia, à Atuária etc.

Os primórdios da Estatística encontram-se na contagem do censo, antes e no começo do primeiro século. No entanto, somente no século XVIII foi desenvolvida como uma disciplina científica independente e, com a ajuda da teoria da probabilidade, iniciou seus métodos de análise de dados estatísticos e comprovação de hipóteses estatísticas.

Assim, hoje considera-se a Estatística Descritiva com relação à organização e descrição dos dados e, a Estatística Indutiva, com relação à interpretação e análise dos dados.

O Cálculo das Probabilidades, segundo Pagano (1943, p. 36), *facilita a generalização dos processos na pesquisa das relações dos fenômenos estudados, além de constituir ótimo elemento de previsão e de controle.*

Segundo os PCN (1998, p. 85,86), o estudo da probabilidade

> (...) tem por finalidade fazer com que os alunos percebam que por meio de experimentações e simulações podem indicar a possibilidade de ocorrência de um determinado evento e compará-la com a probabilidade prevista por meio de um modelo matemático. Para tanto, terão que construir o espaço amostral como referência para estimar a probabilidade de sucesso utilizando-se de uma razão.

*Com relação à probabilidade, a principal finalidade é a de que o aluno compreenda que muitos dos acontecimentos do cotidiano são de natureza aleatória e que se pode identificar possíveis resultados desses acontecimentos e até estimar o grau da possibilidade acerca do resultado de um deles. As noções de acaso e incerteza, que se manifestam intuitivamente, podem ser exploradas na escola, em situações em que o aluno realiza experimentos e observa eventos (em espaços equiprováveis). Relativamente aos problemas de contagem, o objetivo é levar o aluno a lidar com situações que envolvam diferentes tipos de agrupamentos que possibilitem o desenvolvimento do raciocínio combinatório e a compreensão do princípio multiplicativo para sua aplicação no cálculo de probabilidades (1998, p.52).*

Quanto à combinatória, segundo Campos e Lima (2005) "os problemas de contagem podem envolver situações com números de ordem de grandeza mais elevada e servir de base para o estudo de probabilidade".

Assim, continuando com a exploração do bloco Tratamento da Informação, neste capítulo serão apresentadas as recomendações de pesquisas sobre as habilidades e competências que podem ser desenvolvidas pelos alunos na construção e análise de outros tipos de gráficos e algumas propostas de atividades que poderão ser adaptadas e utilizadas pelo professor.

## 10.2 A EXPLORAÇÃO DE GRÁFICOS

O gráfico a seguir (GAL, 2004) intitulado *Horas Semanais de Lição de Casa*, embora em inglês, transmite algumas informações.

*Figura 1: Gal (2004)*

O autor, Gal, coloca as seguintes questões com relação ao gráfico, as quais podem ser trabalhadas pelo professor com seus alunos:

- O que esse gráfico lhe diz?
- Sem olhar para os números, o que o gráfico sugere a você?
- Se você só olhar para o comprimento do lápis, que números cada um pode representar?
- Agora olhe para os números. Quais são suas conclusões sobre o gráfico agora?
- Compare os dados para meninos (boys) e meninas (girls). Com base nesses dados, você pode concluir que as garotas nos Estados Unidos fazem mais trabalho de casa que os meninos? Por que ou por que não?
- Quais outras informações você poderia querer para ajudá-lo a chegar a uma conclusão de credibilidade?

A discussão sobre as possíveis respostas dos alunos irá permitir que os professores iniciem em sala de aula uma reflexão com seus alunos sobre a relevância da estatística geral para os indivíduos.

Na síntese dos princípios norteadores, os PCN (1998) salientam que:

> (...) no ensino da Matemática, destacam-se dois aspectos básicos: um consiste em relacionar observações do mundo real com representações (esquemas, tabelas, figuras, escritas numéricas); outro consiste em relacionar essas representações com princípios e conceitos matemáticos. Nesse processo, a comunicação tem grande importância e deve ser estimulada, levando-se o aluno a "falar" e a "escrever" sobre Matemática, a trabalhar com representações gráficas, desenhos, construções, a aprender como organizar e tratar dados.

### 10.3 O QUE DIZEM AS PESQUISAS

Segundo Bussab e Moretin (2003, p. 1), "é necessário trabalhar os dados para transformá-los em informações, para compará-los com outros resultados, ou ainda para julgar sua adequação a alguma teoria".

Enquanto a tabela resume um conjunto de observações, os gráficos são formas de apresentação dos dados, cujo objetivo é produzir uma impressão mais rápida e viva do fenômeno em estudo e buscam no efeito visual, quando possuem essa característica, prender a atenção do leitor e tornar mais eficaz o estudo do fenômeno.

Para alcançar uma apresentação fiel aos dados pesquisados, vários passos devem ser seguidos, já mencionados neste e no capítulo anterior, direcionados ao conhecimento dos dados, das elaborações das tabelas e, agora, do entendimento e das construções das representações gráficas.

Pereira (2009), nos aportes teóricos de sua dissertação de mestrado, recupera as pesquisas de Curcio (1989), com relação aos níveis de compreensão da leitura e interpretação de gráficos.

Curcio (1989, apud PEREIRA, 2009, p. 44) argumenta que se a intenção for os alunos adquirirem a capacidade da compreensão gráfica para ler e interpretar dados adequadamente, seria necessário a construção gráfica desses mesmos dados pelos alunos para que, dessa forma, haja estímulo para o levantamento de hipóteses e possíveis verbalizações sobre as relações e padrões observados.

Nesse aspecto, a utilização do Excel ou GeoGebra são ferramentas de fácil acessado e suficientes para a construção de alguns gráficos pelos alunos. Orientações para isso serão disponibilizadas no decorrer deste capítulo.

## 10.4 NÍVEIS DE COMPREENSÃO GRÁFICA

A Secretaria da Educação do Estado de São Paulo (SEE, 2008, p. 19), em sua proposta curricular, aponta algumas habilidades que devem ser trabalhadas a partir da análise de diversos tipos de gráficos:

1. Identificação das informações apresentadas: por meio de uma leitura atenta do título do gráfico e dos títulos associados às informações presentes;

2. Identificação de escalas ou unidade de medidas: essa informação pode ser dada no título do gráfico, nos eixos (quando o gráfico for de colunas ou linhas); nas legendas etc.

3. Identificação das categorias utilizadas para cruzar informações: muitos gráficos apresentam informações agrupadas por tributos, como sexo, idade, nível de renda, nível de escolaridade etc. O leitor de um gráfico deve ser capaz de identificar esses atributos para analisar com critério a informação apresentada.

4. Compreensão da linguagem pictórica utilizada no gráfico: desenhos cores e ilustração são muitas vezes usados como elementos constituintes da informação transmitida, e o leitor competente deve ser capaz de identificar e compreender esses elementos.

5. Avaliar de forma crítica o tipo de gráfico utilizado, a escolha da escala adotada, a consistência matemática acerca da informação transmitida e fazer extrapolações a partir das informações disponíveis: essa habilidade envolve uma leitura refinada da informação gráfica e deverá ser desenvolvida ao longo de todo o Ensino Fundamental.

Segundo Curcio (1989), utilizar o potencial máximo de um gráfico significa ser capaz de interpretar e generalizar os dados nele contidos e salienta que existem três níveis de compreensão gráfica que são: leitura dos dados, leitura entre os dados e leitura além dos dados.

Para Curcio (1989):

- No nível de leitura dos dados, o leitor não interpreta as informações contidas no gráfico e apenas as retira dele, seja nos dados ou na legenda. O nível cognitivo do leitor não permite que se realize nenhuma interpretação das informações contidas no gráfico e a leitura da representação gráfica é apenas pontual.

- No nível de leitura entre os dados, o leitor tem a habilidade de comparação entre as quantidades dos dados. A exigência cognitiva se configura na realização de operações matemáticas para realizar a interpretação e integração entre os dados.

- No nível de leitura, além dos dados, é exigido do leitor um nível de compreensão para a realização de inferências e predições a partir dos dados da representação gráfica.

Essas orientações podem permitir que o professor proponha atividades coerentes com o nível cognitivo de seus alunos.

A figura a seguir, de Chagas (2010, p. 38), exemplifica um entendimento possível sobre os níveis de compreensão gráfica de Curcio e a importância de um indivíduo compreender, interpretar e inferir informações estatísticas e seja considerado letrado estatisticamente.

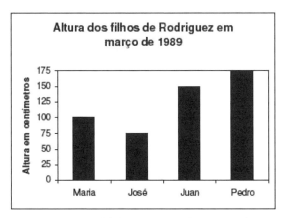

**Figura 2:** Exemplo dado por Curcio (1989, p. 73)

**Tabela 6:** Níveis de leitura e interpretação de gráficos, conforme Curcio (1989)

| Nível 1<br>"LER OS DADOS" | Nível 2<br>"LER ENTRE OS DADOS" | Nível 3<br>"LER ALÉM DOS DADOS" |
|---|---|---|
| Consiste em levantar informação do gráfico para responder a questão explícita para a qual a resposta óbvia está no gráfico. Não existe interpretação neste nível. Leitura que requer este tipo de compreensão é uma tarefa de nível cognitivo muito baixo.<br>Exemplo: Qual a altura de Maria? | Inclui a interpretação e integração dos dados apresentados no gráfico e requer a habilidade para comparar quantidades e o uso de outros conceitos e habilidades matemáticas (por exemplo, adição, subtração, multiplicação e divisão)<br>Exemplo: Quantos cm a mais têm Juan em relação a José? | Requer que o aluno realize predições e inferências a partir dos dados, porém, sobre informações que não estão diretamente descritas no gráfico. Requer, também, conhecimento a priori sobre a questão que está relacionada ao gráfico.<br>Exemplo: Se Maria crescer 5 cm e José crescer 10 cm até setembro de 1990, quem será maior, e por quanto? |

*Fonte: CHAGAS (2010, p. 38, adaptada de Curcio, 1989, p. 73).*

## 10.5 EXPLORANDO REPRESENTAÇÕES GRÁFICAS

A proposta deste item é apresentar atividades iniciais de exploração de gráficos com o objetivo de identificar quais tipos de representações gráficas são reconhecidas pelos alunos. Em seguida, serão apresentadas propostas de contruções de gráficos com o uso da planilha eletrônica Excel e do GeoGebra como Histogramas, Gráfico de Barras e Gráfico de Pizzas.

Atividade 1: Pereira (2009, p77) propõe a atividade a seguir com o objetivo de verificar se os alunos relacionam o nome de cada gráfico com sua respectiva representação, detectando, assim, quais tipos de representações gráficas seriam de conhecimento dos alunos.

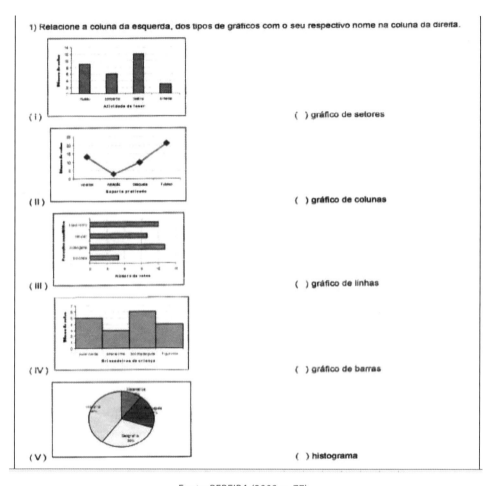

Fonte: PEREIRA (2009, p. 77).

Atividade 2: na atividade a seguir a autora apresenta uma figura na qual os alunos deveriam escolher qual gráfico melhor representa os dados presentes na tabela com o objetivo de verificar se os alunos identificarão o gráfico mais adequado como resposta à questão proposta.

Capítulo 10  O tratamento da informação: seu significado e sua importância 161

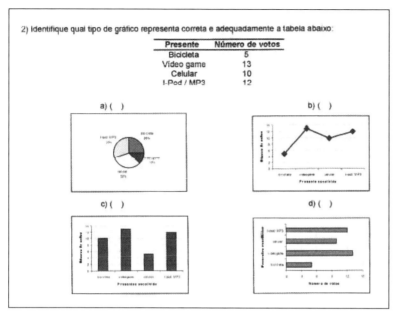

Fonte: PEREIRA (2009, p. 77).

Atividade 3: em uma terceira atividade semelhante à anterior, escolher qual tabela melhor representa os dados presentes no gráfico com o objetivo de verificar se os alunos identificarão a tabela mais adequada como resposta à questão proposta.

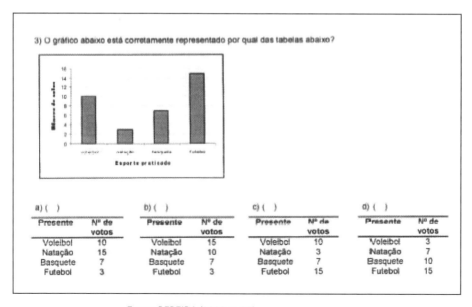

Fonte: PEREIRA (2009, p. 77).

### 10.6 CONSTRUINDO REPRESENTAÇÕES GRÁFICAS.

Os gráficos do tipo Box Plot apresentados no capítulo anterior dão uma ideia global de um conjunto de dados, mas não são suficientes em alguns casos para ver outras informações que o Box Plot não mostra.

Explorar outros tipos de representação gráfica e reconhecer qual delas é a melhor para interpretar e mostrar os dados obtidos podem permitir o desenvolvimento de habilidades fundamentais para a época atual.

### 10.7 HISTOGRAMA E GRÁFICO DE BARRAS NO GEOGEBRA

Um Histograma é uma representação gráfica de um conjunto de dados por meio de colunas para mostrar como os dados são distribuídos em diferentes intervalos de valores. As colunas indicam quantos valores numéricos caem dentro de um determinado intervalo.

Um gráfico de barras é uma representação gráfica de um conjunto de dados por meio de barras que indicam categorias ou quantos itens de um conjunto de dados têm o mesmo valor ou partilham de uma mesma característica.

As colunas de um histograma não podem ser confundidas com as barras de um gráfico de barras, pois têm significados diferentes.

Os exemplos a seguir, adaptados de Murdock, Kamischke e Kamischke (2004) mostram, de maneira simples, quando utilizar cada um dos gráficos.

Pode-se usar um gráfico de barras para mostrar quantos alunos de uma classe têm olhos de determinadas cores (Exemplo 1), mas para mostrar quantas pessoas existem em intervalos de diferentes alturas, é apropriado um histograma (Exemplo 2).

Exemplo 1. Considerar os seguintes dados para construir um gráfico de barra no GeoGebra.

| Cor dos olhos dos alunos | Número de alunos |
|---|---|
| Violeta | 1 |
| Azul | 3 |
| Verde | 4 |
| Castanho | 7 |
| Preto | 5 |

No campo de Entrada digite:

GráficoDeBarras[{1, 2, 3, 4, 5}, {1, 3, 4, 7, 5}, 0.5] e tecle "Enter"

O número 0.5 no final significa a largura das barras. Para obter o gráfico abaixo, clicar com o botão direito do mouse sobre a janela geométrica e, na janela de visualização, desabilitar a opção numérica do eixo das abcissas (eixo Ox). Em seguida, utilizar a ferramenta de Inserir Textos para escrever os dados das cores dos olhos embaixo de cada barra.

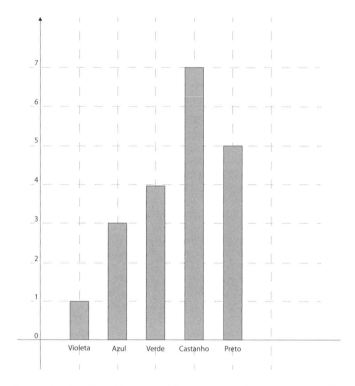

Exemplo 2. Considerar o histograma abaixo construído no GeoGebra com as seguintes características:

- A largura de cada coluna representa um intervalo de 10 cm.
- Os valores limites ficam à esquerda. Por exemplo, a última coluna que inclui a altura h está no intervalo $175 \leq h < 185$.
- A altura de cada coluna mostra a frequência, ou o número de estudantes cujas alturas estão no respectivo intervalo.

No GeoGebra, clicar com o botão direito do mouse sobre a janela geométrica e na janela de visualização para configurar os eixos, como indica a figura abaixo, e utilizar o Ampliar e Reduzir para obter a configuração adequada dos eixos.

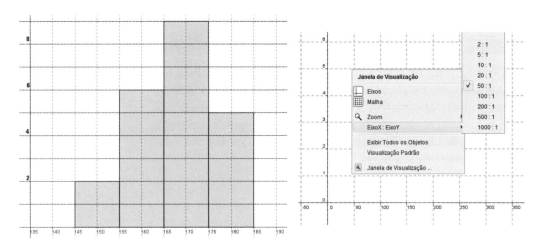

## 10.8 GRÁFICO DE PIZZA

A planilha eletrônica Excel permite a construção de gráficos de pizza de maneira bastante simples. Digitar em uma planilha do Excel a tabela a seguir.

| Gosta de futebol | Número de alunos | % |
|---|---|---|
| Não | 4 | 16,0 |
| Pouco | 6 | 24,0 |
| Regular | 12 | 48,0 |
| Muito | 3 | 12,0 |
| TOTAL | 25 | 100,0 |

Selecionar os dados da planilha e clicar em inserir gráfico de pizza. O gráfico obtido, se na mesma planilha, fica ao lado da tabela.

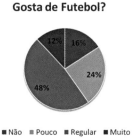

O gráfico pode ser aprimorado clicando sobre ele com o botão direito do mouse e em inserir Rótulos de Dados e Formatar estes dados para exibir porcentagens.

Outras modificações podem ser obtidas e é importante explorar outras possibilidades de aprimoramento, principalmente com o uso da planilha Excel.

## 10.9 EXPLORANDO A PROBABILIDADE

A Probabilidade se refere à qualidade de provável representada por um número positivo e menor que a unidade, que se associa a um evento aleatório, e que se mede pela frequência relativa da sua ocorrência em uma longa sucessão de eventos (Dicionário Aurélio).

**Provável:** apresenta probabilidade de acontecer.

**Aleatório:** dependente de fatores incertos, sujeitos ao acaso, casual, fortuito, acidental.

A teoria das Probabilidades é um ramo da Matemática que cria, desenvolve e, em geral, investiga modelos que podem ser utilizados para estudar experimentos aleatórios, como por exemplo, jogar uma moeda e observar o resultado obtido; jogar um dado e observar o número mostrado na face de cima; jogar uma moeda dez vezes e observar o número de caras obtido etc. (FERNANDEZ, 1973).

Segundo Fernandez (1973, p.134):

> No Século XVI, surgem as primeiras considerações de Girolano Cardano relacionando jogos de azar com o estudo da Teoria das Probabilidades. Babilônios, gregos, egípcios e romanos da era pré-cristã, usavam um osso chamado astrágalo, osso situado na articulação da perna, como brinquedo de crianças e possivelmente para jogos de azar. A transição do astrálago para os dados levou milênios. Talvez os primeiros dados tenham sido obtidos limando os lados redondos do astrálago até que ficassem quase planos

A figura apresentada aqui exibe a posição do astrágalo no pé de uma pessoa. Depois de perder seu caráter sagrado, o astrágalo teve muita popularidade no mundo antigo. O jogador atirava quatro ossinhos sobre a mesa e os pontos dependiam da posição em que os ossinhos caíam.

Muitas pessoas apostam na Mega-Sena que é uma loteria na qual seis números são sorteados de um total de sessenta (de 01 a 60), independentemente da ordem da aposta ou da ordem do sorteio. A probabilidade de acertar a sena marcando apenas 6 números é de uma para mais de 50 milhões, número de combinações possíveis nas apostas feitas.

A probabilidade é a razão entre o número de maneiras igualmente provável de um evento ocorrer e o número igualmente provável de todos os acontecimentos ocorrerem. Por exemplo, pode-se considerar a seguinte situação:

Dos 30 alunos de uma escola, 10 são canhotos e 25 vão de ônibus para a escola. Escolhendo ao acaso um desses alunos, qual a probabilidade de que ele seja canhoto e vá de ônibus para a escola?

Solução: Considere os eventos:

A: ser canhoto.

B: ir de ônibus para a escola.

É claro que A e B são eventos independentes, portanto, um não depende em nada do outro. A probabilidade de os dois eventos (A e B) ocorrerem simultaneamente é calculada por P (A e B) = P (A) * P (B).

Calculando:

P (A) = 10/30 = 1/3

P (B) = 25/30 = 5/6

P (A e B) = P (A) * P (B) =1/3*5/6=5/18

A probabilidade de que o aluno seja canhoto e vá de ônibus para a escola é de 5/18.

Outros eventos podem ser criados pelos alunos com o incentivo do professor para se chegar ao resultado da probabilidade de acontecerem.

**10.10 PARA FINALIZAR**

O bloco Tratamento da Informação, por sugerir a exploração não só da Estatística como também da Probabilidade e Combinatória, exige do professor uma reflexão sobre quais atividades propor aos seus alunos, em virtude do volume considerável de conteúdos a serem desenvolvidos. Nesse aspecto, os autores Campos e Lima (2005, p. 17) salientam que:

> *O ensino básico, como se percebe, ocorre durante um longo período e abrange fases psicológicas tão distintas quanto infância, adolescência e juventude. Atender à proposta de incluir como componente curricular do ensino básico, em toda a sua extensão, o tratamento da informação constitui-se uma tarefa de extrema complexidade, mas que se impõe como*

*Razão: noção relacionada com a comparação de duas quantidades por meio da divisão entre elas.*

necessidade, pelas demandas sociais contemporâneas, que reclamam os conceitos e procedimentos, no âmbito científico e tecnológico e, mais ainda, no cotidiano do cidadão. Necessidade que deriva, também, da ideia, hoje majoritariamente acatada, de que a aprendizagem se dá de forma contínua e por retomadas sucessivas dos conceitos e procedimentos no decorrer de um longo período. Assim, muitos dos conceitos e procedimentos básicos devem se fazer presentes, em diversos graus de extensão e complexidade, desde o início da vida escolar.

É importante ressaltar, também, que as matrizes de Matemática da Prova Brasil e do SAEB estão estruturadas em duas dimensões. Na primeira, que é "objeto do conhecimento" estão relacionados as habilidades desenvolvidas pelos estudantes. A segunda dimensão refere-se às "competências" e, nessa perspectiva, foram elaborados descritores específicos para cada um dos quatro blocos. Para a 8ª série do ensino fundamental, a matriz de referência para o bloco Tratamento da Informação salienta os descritores:

*D36 – Resolver problema envolvendo informações apresentadas em tabelas e/ou gráficos.*

*D37 – Associar informações apresentadas em listas e/ou tabelas simples aos gráficos que as representam e vice-versa.*

Desse modo, o bloco Tratamento da Informação exige por parte do professor uma dedicação diferenciada, sem desmerecer outros conteúdos de Matemática sugeridos nos outros blocos, pois requer outros tipos de raciocínios no desenvolvimento dos respectivos conteúdos.

## 10.11 REFERÊNCIAS BIBLIOGRÁFICAS

BRASIL, Ministério de Educação, Secretaria de Educação Média e Tecnológica. **Parâmetros curriculares nacionais** (PCN). Brasília: Ministério da Educação, 1998. Disponível em: <http://portal.mec.gov.br/seb/arquivos/pdf/matematica.pdf>. Acessado em 13/08/2011.

BUSSAB, Wilton de Oliveira; MORETTIN, Pedro Alberto. A. **Estatística básica.** São Paulo: Editora Saraiva, 2003.

CAMPOS, Marcilia Andrade; LIMA, Paulo Figueiredo. **Introdução ao tratamento da informação nos ensinos fundamental e médio**. 2005. Disponível em: <http://www.sbmac.org.br/boletim/pdf_2005/16_23ago05.pdf>. Acessado em abr. 2011.

CHAGAS, Rebeca Meirelles das. **Estatística para alunos do 6º ano do ensino fundamental**: um estudo dos conceitos mobilizados na resolução de problemas. 2010. Dissertação (Mestrado)

– Pontifícia Universidade Católica de São Paulo, 2010. Disponível em: <http://www.pucsp.br/pos/edmat/ma/dissertacao/rebeca_meirelles_chagas.pdf>. Acessado em abr. 2011.

CURCIO, Frances R. **Developing graph comprehension**: elementary and middle school activities. Reston, VA: NCTM, p. 5-6, 1989

FERNANDEZ, Pedro J. Introdução à Teoria das Probabilidades. Rio de Janeiro: Livros Técnicos e Científicos Editora SA, 1973

GAL, Iddo. A Brief Look at Statistical Literacy. **Math Practitioner**, v. 10, n. 2, p. 4-8, 2004. Disponível em: <http://www.stat.auckland.ac.nz/~iase/cblumberg/galshort.pdf>. Acessado em abr. 2011.

MURDOCK, Jerald; KAMISCHKE, Ellen; KAMISCHKE, Eric. **Discovering Advanced Algebra and Investigative Approach.** Emeryville (CA): Key Curriculum Press, 2004.

PAGANO, Authos. **Lições de Estatística**. Prefeitura Municipal de São Paulo. 2ª. edição, 1943

PEREIRA, Silvana. **A leitura e interpretação de tabelas e gráficos para alunos do 6º ano do Ensino fundamental**: uma intervenção de ensino. 2009. Dissertação (Mestrado) – Pontifícia Universidade Católica de São Paulo, 2009. Disponível em: <http://www.pucsp.br/pos/edmat/mp/dissertacao/silvana_pereira.pdf>. Acessado em abr. 2011.

PROPOSTA CURRICULAR DO ESTADO DE SÃO PAULO: Matemática. Coord. Maria Inês Fini. São Paulo: SEE, 2008.

---

**NOTA DAS AUTORAS PARA O PROFESSOR:**

Nesse capítulo procuramos abarcar conteúdos subjacentes ao bloco Tratamento da Informação segundo os PCN (BRASIL, 1998):

- conceito de espaço amostral;
- obtenção das medidas de tendência central de uma pesquisa (média, moda e mediana);
- significado da média aritmética como um indicador da tendência de uma pesquisa;
- aproximação de análise combinatória;
- gráficos de colunas, de setores, histogramas e polígonos de frequência;
- frequência e frequência relativa;
- estimativas de probabilidades.